AF556408

1000
भूगोल प्रश्नोत्तरी

1000 भूगोल प्रश्नोत्तरी

सचिन सिंहल

सत्साहित्य प्रकाशन, दिल्ली

प्रकाशक : सत्साहित्य प्रकाशन,
694-ए, (पहली मंजिल) चावड़ी बाजार, दिल्ली-110006
 / संस्करण : 2026 / मूल्य : पाँच सौ रुपए
मुद्रक : प्रिंट मीडिया, नई दिल्ली
ISBN 978-81-7721-279-2

1000 BHOOGOL PRASHNOTTARI (1000 Geography Quiz)
by Sachin Sinhal
₹ 500.00
Published by **SATSAHITYA PRAKASHAN**
694-A, (First Floor) Chawri Bazar, Delhi-110006

अनुक्रम

सौरमंडल

1. सूर्य का निकटतम ग्रह कौन सा है ?
   (क) बुध (ख) प्लूटो
   (ग) पृथ्वी (घ) बृहस्पति
2. कौन सा ग्रह अपने अक्ष पर पूर्व से पश्चिम की ओर घूमता है ?
   (क) बृहस्पति (ख) पृथ्वी
   (ग) बुध (घ) शुक्र और यूरेनस
3. चंद्रमा का कितना भाग पृथ्वी से दिखाई देता है ?
   (क) 75 प्रतिशत (ख) लगभग 59 प्रतिशत
   (ग) लगभग 40 प्रतिशत (घ) इनमें से कोई नहीं
4. पृथ्वी से तारों की दूरी मापने की इकाई कौन सी है ?
   (क) किलोमीटर (ख) फैदम
   (ग) प्रकाशवर्ष (घ) समुद्री (नॉटिकल) मील
5. पृथ्वी पर निकटतम तारे से प्रकाश कितने समय में आता है ?
   (क) 43 मिनट (ख) 4.3 सेकंड
   (ग) 43 घंटे (घ) 4.3 वर्ष
6. हमारे सौरमंडल में कुल कितने ज्ञात उपग्रह हैं ?
   (क) 75 (ख) 40
   (ग) 65 (घ) इनमें से कोई नहीं

उत्तर के लिए कृपया पृष्ठ सं. 137 देखें।

7. आर्कटिक वृत्त में किस तारीख को सूर्य बिलकुल नहीं छिपता है ?

(क) 20 जून (ख) 23 जुलाई

(ग) 30 मई (घ) 21 जून

8. ध्रुवीय क्षेत्रों में सूर्य की किरणें सर्वाधिक कितने कोण पर आती हैं ?

(क) 52° (ख) 47°

(ग) 108° (घ) इनमें से कोई नहीं

9. सूर्य मुख्य रूप से किन तत्त्वों से बना है ?

(क) हाइड्रोजन और हीलियम (ख) सोडियम और पोटैशियम

(ग) मैग्नीशियम और लोहा (घ) इनमें से कोई नहीं

10. आनेवाली सौर विकिरण क्या कहलाती है ?

(क) आतपन (ख) परावर्तन

(ग) अपवर्तन (घ) विकिरण

11. उपग्रहों के बारे में कौन सा कथन सही है ?

(क) उपग्रह कभी नहीं घूमते

(ख) उपग्रह अपने ग्रहों के चारों ओर घूमते हैं

(ग) उपग्रह सूर्य के चारों ओर घूमते हैं

(घ) इनमें से कोई नहीं

12. किस ग्रह का कोई उपग्रह नहीं है ?

(क) मंगल (ख) बृहस्पति

(ग) शनि (घ) बुध

13. भारतीय खगोल विद्या में 'क्रूर ग्रह' कौन सा है ?

(क) बृहस्पति (ख) शुक्र

(ग) शनि (घ) प्लूटो

14. कौन सा ग्रह 'ठंडा ग्रह' कहलाता है ?

(क) बृहस्पति (ख) मंगल

(ग) शुक्र (घ) बुध

15. कौन सा ग्रह 'स्वामी' (राजा) कहलाता है ?

(क) बृहस्पति (ख) शुक्र

(ग) प्लूटो (घ) शनि

उत्तर के लिए कृपया पृष्ठ सं. 137 देखें।

16. कौन सा ग्रह आकार में सबसे बड़ा है?
(क) बुध (ख) बृहस्पति
(ग) शुक्र (घ) प्लूटो

17. हमारे सौरमंडल में कौन सा ग्रह 'जलीय ग्रह' (watery) समझा जाता है?
(क) बृहस्पति (ख) नेप्च्यून
(ग) पृथ्वी (घ) बुध

18. सौरमंडल का कौन सा ग्रह 'लाल ग्रह' कहलाता है?
(क) नेप्च्यून (ख) मंगल
(ग) शुक्र (घ) प्लूटो

19. कौन सा ग्रह सूर्य से सबसे अधिक दूरी पर है?
(क) शनि (ख) प्लूटो
(ग) नेप्च्यून (घ) यूरेनस

20. टाइटन किस ग्रह का सबसे बड़ा उपग्रह है?
(क) मंगल (ख) शनि
(ग) शुक्र (घ) बृहस्पति

21. ट्राइटॉन तथा नेरीड किस ग्रह के उपग्रह हैं?
(क) नेप्च्यून (ख) यूरेनस
(ग) मंगल (घ) प्लूटो

22. 'कॉमेट' (धूमकेतु) शब्द यूनानी भाषा के किस शब्द से लिया गया है?
(क) कॉमेटस (ख) कॉमेटिस ऑस्टर
(ग) कॉमेटास ऑस्टर (घ) इनमें से कोई नहीं

23. कौन सा धूमकेतु छिहत्तर वर्ष बाद दिखाई देता है?
(क) हैलीज (ख) होल्मीज
(ग) डोनेटीज (घ) अल्फा सेंचुरी

24. 'विषुव' (equinoxes) अर्थात् दिन-रात बराबर कब होते हैं?
(क) 4 जनवरी और 22 सितंबर (ख) 21 मार्च और 23 सितंबर
(ग) 22 दिसंबर और 21 जून (घ) 21 मार्च और 22 सितंबर

25. एस्टर (asteroids) ग्रह किसके चारों ओर चक्कर लगाते हैं?
(क) ग्रह (ख) सूर्य
(ग) उपग्रह (घ) इनमें से कोई नहीं

उत्तर के लिए कृपया पृष्ठ सं. 137 देखें।

26. सबसे ज्यादा समय लेकर सूर्य के चारों ओर कौन सा ग्रह घूमता है ?
(क) यूरेनस (ख) प्लूटो
(ग) नेप्च्यून (घ) बृहस्पति

27. कौन सा खगोलीय पिंड सौरमंडल का केंद्र है ?
(क) सूर्य (ख) पृथ्वी
(ग) बृहस्पति (घ) आकाश

28. किस ग्रह के सबसे ज्यादा उपग्रह हैं ?
(क) बृहस्पति (ख) शनि
(ग) यूरेनस (घ) शुक्र

29. पृथ्वी क्या है ?
(क) एस्टर सदृश ग्रह (ख) उपग्रह
(ग) ग्रह (घ) इनमें से कोई नहीं

30. किस विचारक ने पृथ्वी को गोल बताया था ?
(क) आर्यभट्ट (ख) कॉपरनिकस
(ग) कोलंबस (घ) अरस्तू

31. पृथ्वी जब सूर्य और चंद्रमा के बीच आ जाती है तब क्या घटित होता है ?
(क) चंद्रग्रहण (ख) सूर्यग्रहण
(ग) आधा चंद्रमा (घ) नक्षत्र दिवस

32. चंद्रमा जब सूर्य और पृथ्वी के बीच आता है तब क्या घटित होता है ?
(क) सूर्यग्रहण (ख) आधा सूर्य
(ग) चंद्रग्रहण (घ) पर्व (nodes)

33. अंतरिक्ष में जानेवाली प्रथम महिला कौन थी ?
(क) मिस गिबाना (यू.एस.ए.)
(ख) वेलेंतीना व्लादिमिरोव्ना तेरेश्कोवा (रूस)
(ग) अर्चना भट्ट (भारत)
(घ) इनमें से कोई नहीं

34. अंतरिक्ष में जानेवाला प्रथम पुरुष कौन था ?
(क) आर्यभट्ट (ख) यूरी गागरिन
(ग) राकेश शर्मा (घ) इनमें से कोई नहीं

उत्तर के लिए कृपया पृष्ठ सं. 137 देखें।

35. किस ग्रह पर पृथ्वी के समान दिन और रात होते हैं ?

(क) बृहस्पति (ख) मंगल

(ग) शुक्र (घ) शनि

36. जब चंद्रमा और सूर्य पृथ्वी के साथ एक ही रेखा में होते हैं तब कौन सा ज्वार आता है ?

(क) लघु ज्वार (ख) ज्वार भाटा

(ग) ज्वार तरंग (घ) इनमें से कोई नहीं

37. गरमी का सबसे लंबा दिन किस देश में होता है ?

(क) संयुक्त राज्य अमेरिका (ख) रूस

(ग) ऑस्ट्रेलिया (घ) ग्रीनलैंड

38. पृथ्वी अपने उपसौर में कब पहुँचती है ?

(क) सितंबर के प्रारंभ में (ख) जनवरी के प्रारंभ में

(ग) दिसंबर के प्रारंभ में (घ) जून में

39. पृथ्वी अपने ध्रुवीय अक्ष पर कितने समय में एक चक्कर पूरा कर लेती है ?

(क) 24 घंटे (ख) 365¼ दिन

(ग) 23.56 घंटे (घ) 364¼ दिन

40. पृथ्वी की सर्वाधिक सटीक आकृति कौन सी है ?

(क) वृत्त (ख) चपटी-गोल

(ग) एजॉयड (घ) गोल पिंड

41. सूर्य से ग्रह की कक्षा का सर्वाधिक दूर बिंदु कौन सा है ?

(क) अपसौर (ख) उपभू

(ग) भूमि-उच्च (घ) उपसौर

42. चंद्रमा की सतह पर क्या घटित होता है ?

(क) परिमाण और भार कम हो जाते हैं

(ख) केवल परिमाण कम हो जाता है

(ग) परिमाण स्थिर बना रहता है, लेकिन भार कम हो जाता है

(घ) दोनों में कोई परिवर्तन नहीं होता

उत्तर के लिए कृपया पृष्ठ सं. 137 देखें।

43. हम किस अवधारणा के आधार पर समय का मापन करते हैं ?
(क) नक्षत्रीय तिथि (ख) चंद्र-तिथि
(ग) सूर्य-तिथि (घ) इनमें से कोई नहीं

44. एक वर्ष में कितने सूर्यग्रहण हो सकते हैं ?
(क) दस से भी अधिक (ख) अधिकतम पाँच
(ग) बीस से भी अधिक (घ) तीन से भी कम

45. वर्ष में कितने चंद्रग्रहण हो सकते हैं ?
(क) छह से अधिक (ख) पाँच से भी कम
(ग) सात से भी अधिक (घ) अधिकतम तीन

46. सौर-तिथि तथा नक्षत्रीय वार के बीच क्या संबंध है ?
(क) दोनों समान हैं
(ख) सौर-तिथि नक्षत्रीय वार से अधिक लंबी होती है
(ग) सौर-तिथि नक्षत्रीय वार से छोटी होती है
(घ) नक्षत्रीय वार सौर-तिथि से छोटा होता है

47. सौर विकिरण पृथ्वी पर किस रूप में पहुँचती है तथा किस रूप में लौट जाती है ?
(क) दीर्घ तरंग, लघु तरंग (ख) दीर्घ तरंग, दीर्घ तरंग
(ग) लघु तरंग, दीर्घ तरंग (घ) उपर्युक्त सभी

48. सूर्य की सबसे बाह्य परत क्या कहलाती है ?
(क) वर्णमंडल (ख) प्रकाशमंडल
(ग) स्थलमंडल (घ) आयनमंडल

49. सूर्य की विकिरण ऊर्जा किस रूप में अंतरित होती है ?
(क) दीर्घ तरंग (ख) लघु तरंग
(ग) दोनों (घ) इनमें से कोई नहीं

50. सागर में सबसे ऊँचा ज्वार-भाटा किस समय आता है ?
(क) जब पृथ्वी चंद्रमा के निकट आती है
(ख) जब सूर्य, चंद्रमा और पृथ्वी एक सीधी रेखा में होते हैं
(ग) वर्षा ऋतु में
(घ) जब सूर्य पृथ्वी के निकट होता है

उत्तर के लिए कृपया पृष्ठ सं. 137 व 138 देखें।

51. 'सप्तऋषि' किसे कहते हैं ?

(क) सुदूरवर्ती उत्तर दिशा के तारामंडल में 'ग्रेट वियर' नामक तारागण

(ख) उपग्रह का नाम

(ग) एस्टर सदृश ग्रह का नाम

(घ) पृथ्वी के वायुमंडल में अनियमित रूप से अवशोषण या प्रसारण की प्रक्रिया

52. किस खगोलीय पिंड की चमकीली एवं प्रकाशमान् पूँछ होती है ?

(क) ग्रह (ख) धूमकेतु

(ग) तारा (घ) उपग्रह

53. 'स्थलज (ठोस) ग्रह' किसे कहते हैं ?

(क) जलयुक्त ग्रह (ख) न्यून घनत्व के गैसीय पिंड

(ग) घना, चट्टानयुक्त ग्रह (घ) इनमें से कोई नहीं

54. 'सौर कार्निया' में मुख्यत: क्या होता है ?

(क) ब्रह्मांड-किरणें (कॉस्मिक-रे) (ख) गैसें

(ग) पिघलता हुआ लावा (घ) बर्फ

55. सबसे ज्यादा चमकीला तारा कौन सा है ?

(क) सिरिअस (ख) सूर्य

(ग) प्रॉक्सिमा (घ) प्रेइस्पे

56. आप कैसे सिद्ध करेंगे कि धूमकेतु सौरमंडल के ही सदस्य हैं ?

(क) बनावट से (ख) उनकी कक्षा के आकार से

(ग) पृथ्वी की सतह पर पड़नेवाले प्रभाव से

(घ) उनके आकार तथा गति से

57. 'उल्का' अंतरग्रहीय (अस्थिर) पिंड क्यों मानी जाती है ?

(क) यह पृथ्वी के वायुमंडल में प्रवेश करके इसकी सतह तक पहुँच जाती है।

(ख) यह पृथ्वी के वायुमंडल में कभी भी प्रवेश नहीं कर पाती।

(ग) पृथ्वी के वायुमंडल में प्रवेश करने के बाद बीच में ही आग के गोले के समान फट जाती है।

(घ) इनमें से कोई नहीं।

उत्तर के लिए कृपया पृष्ठ सं. 138 देखें।

58. 'सौरमंडल' की खोज किसने की ?

(क) कैपलर (ख) कॉपरनिकस

(ग) गैलीलियो (घ) आर्यभट्ट

59. रात्रि के समय कौन सा ग्रह लाल दिखाई देता है ?

(क) मंगल (ख) बृहस्पति

(ग) शनि (घ) यूरेनस

60. निम्नलिखित में कौन सा बाह्य ग्रह है ?

(क) मंगल (ख) वीनस

(ग) यूरेनस (घ) इनमें से कोई नहीं

□

उत्तर के लिए कृपया पृष्ठ सं. 138 देखें।

पृथ्वी

61. सूर्य से दूरी के मामले में पृथ्वी का कौन सा स्थान है ?
    (क) पहला (ख) दूसरा
    (ग) तीसरा (घ) पाँचवाँ
62. पृथ्वी का पिंड (mass) चंद्रमा से कितने गुना ज्यादा है ?
    (क) 95 (ख) 81
    (ग) 85 (घ) 83
63. पृथ्वी का विषुवत् तथा ध्रुवीय व्यास कितना है ?
    (क) 14,700 कि.मी. तथा 8,848 कि.मी.
    (ख) 13,500 कि.मी. तथा 13,100 कि.मी.
    (ग) 12,756 कि.मी. तथा 12,714 कि.मी.
    (घ) 10,486 कि.मी. तथा 9,800 कि.मी.
64. सूर्य के चारों ओर चक्कर लगाते समय पृथ्वी कितनी दूरी तय करती है ?
    (क) 88.6 करोड़ कि.मी. प्रतिवर्ष
    (ख) 78.6 करोड़ कि.मी. प्रतिवर्ष
    (ग) 96.6 करोड़ कि.मी. प्रतिवर्ष
    (घ) 10.48 करोड़ कि.मी. प्रतिवर्ष
65. पृथ्वी सूर्य के चारों ओर कितनी गति से चक्कर लगाती है ?
    (क) 800 कि.मी. प्रति मिनट

उत्तर के लिए कृपया पृष्ठ सं. 138 देखें।

(ख) 1600 कि.मी. प्रति मिनट से अधिक
(ग) 1200 कि.मी. प्रति मिनट
(घ) 1000 कि.मी. प्रति मिनट

66. जब पृथ्वी सूर्य के निकट होती है तब वह (पृथ्वी) किस स्थिति में होती है ?
(क) अपसौर (ख) उपसौर
(ग) भूमि-उच्च (घ) उपभू

67. किस तारीख को सूर्य और पृथ्वी के बीच सबसे कम दूरी रहती है ?
(क) 22 दिसंबर (ख) 3 जनवरी
(ग) 22 सितंबर (घ) 21 जून

68. जब सूर्य पृथ्वी से सबसे ज्यादा दूर होता है तब पृथ्वी किस स्थिति में होती है ?
(क) भूमि-उच्च (ख) उपभू
(ग) उपसौर (घ) अपसौर

69. किस तारीख को पृथ्वी सूर्य से अधिकतम दूरी पर होती है ?
(क) 30 जनवरी (ख) 4 जुलाई
(ग) 22 सितंबर (घ) 22 दिसंबर

70. किस तारीख को पृथ्वी अपने अक्ष पर सबसे ज्यादा तेज गति से चक्कर लगाती है ?
(क) 3 जनवरी (ख) 22 दिसंबर
(ग) कभी नहीं बदलती (घ) इनमें से कोई नहीं

71. 'स्थलमंडल' शब्द किससे संबंधित है ?
(क) वनस्पति तथा पशु (ख) पृथ्वी का आंतरिक भाग
(ग) पृथ्वी की पपड़ी (घ) इनमें से कोई नहीं

72. 'निफे' शब्द किससे संबंधित है ?
(क) भूकंप (ख) पृथ्वी का मूल भाग (कोर)
(ग) पृथ्वी की पपड़ी (घ) सागर का संस्तर

73. पृथ्वी की ऊपरी परत क्या कहलाती है ?
(क) सियाल (ख) साइमा
(ग) निफे (घ) मैंटल

उत्तर के लिए कृपया पृष्ठ सं. 138 देखें।

74. अपनी धुरी पर पृथ्वी किस दिशा की ओर चक्कर लगाती है ?

(क) पूर्व से पश्चिम (ख) उत्तर से दक्षिण

(ग) पश्चिम से पूर्व (घ) दक्षिण से उत्तर

75. पृथ्वी के घूमने की गति में परिवर्तन कब होता है ?

(क) 22 दिसंबर को सबसे अधिक

(ख) 4 जुलाई को कम-से-कम

(ग) कभी नहीं बदलती

(घ) अप्रत्याशित

76. पृथ्वी के आंतरिक (core) भाग में कौन सी धातु प्रमुख रूप से पाई जाती है ?

(क) कोबाल्ट और गंधक (ख) अभ्रक और लोहा

(ग) लोहा और निकिल (घ) ताँबा और एल्युमीनियम

77. आकाश का रंग नीला क्यों दिखाई देता है ?

(क) आकाश का प्राकृतिक रंग नीला है

(ख) जलवाष्प की उपस्थिति से नीला रंग दिखाई देता है

(ग) धूलकणों से नीली रोशनी फैल जाती है

(घ) इनमें से कोई नहीं

78. पृथ्वी पर ऋतुओं में विविधता का कारण क्या है ?

(क) ज्वार-भाटा (ख) पृथ्वी की धुरी का झुकाव

(ग) पृथ्वी की दीर्घवृत्तीय कक्षा (घ) सूर्यग्रहण और चंद्रग्रहण

79. ग्रीनविच रेखा कहाँ पर स्थित है ?

(क) लंदन के पास (ख) पेरिस के पास

(ग) न्यूयॉर्क के पास (घ) भारत के पास

80. रात और दिन होने का कारण क्या है ?

(क) पृथ्वी की दैनिक गति

(ख) पृथ्वी का परिभ्रमण

(ग) पृथ्वी की धुरी का झुकाव

(घ) इनमें से कोई नहीं

उत्तर के लिए कृपया पृष्ठ सं. 138 देखें।

81. पृथ्वी की सतह का कुल क्षेत्र कितना है ?

(क) 410×10^6 वर्ग कि.मी. (ख) 510×10^6 वर्ग कि.मी.

(ग) 610×10^6 वर्ग कि.मी. (घ) 710×10^6 वर्ग कि.मी.

82. 'साइमा' क्या है ?

(क) ऊपरी और मध्यवर्ती परत के बीच अंतर्वर्ती परत

(ख) सियाल और प्रावार (मैंटल) के बीच मध्यवर्ती परत

(ग) पृथ्वी का केंद्र भाग

(घ) इनमें से कोई नहीं

83. पृथ्वी की स्फटिक (क्रिस्टल) परत कौन सी है ?

(क) सियाल (ख) साइमा

(ग) प्रावार (मैंटल) (घ) निफे

84. किसके कारण पृथ्वी में चुंबकत्व विद्यमान है ?

(क) सियाल (ख) साइमा

(ग) प्रावार (मैंटल) (घ) धात्विक क्रोड (core)

85. पृथ्वी में धात्विक क्रोड के कारण चुंबकीय शक्ति क्यों पाई जाती है ?

(क) यह घनीभूत है

(ख) यह पृथ्वी का केंद्र भाग है

(ग) इसमें लोहा और निकिल के तत्त्व पाए जाते हैं

(घ) इनमें से कोई नहीं

86. पृथ्वी के क्रोड भाग का तापमान क्या है ?

(क) 2,000° सेंटी. (ख) 200° सेंटी.

(ग) 20,000° सेंटी. (घ) 2×10^6 सेंटी.

87. पृथ्वी के आंतरिक भाग के बारे में कौन सा तथ्य सही है ?

(क) जैसे-जैसे गहराई बढ़ती है वैसे-वैसे दाब कम होता जाता है

(ख) जैसे-जैसे गइराई बढ़ती है वैसे-वैसे तापमान भी बढ़ता जाता है

(ग) दाब स्थिर रहता है

(घ) जैसे-जैसे गहराई बढ़ती है वैसे-वैसे तापमान गिरता जाता है

88. पृथ्वी को 'जलीय ग्रह' क्यों कहा जाता है ?

(क) यहाँ हमेशा वर्षा होती है

उत्तर के लिए कृपया पृष्ठ सं. 138 देखें।

(ख) इसका 71 प्रतिशत भाग पानी से ढका है
(ग) किसी अन्य ग्रह पर पानी नहीं है
(घ) इनमें से कोई नहीं

89. पृथ्वी की भीतरी संरचना के बारे में जानने का सर्वोत्तम स्रोत क्या है?
(क) ज्वारीय क्रिया (ख) भूकंप तरंगें
(ग) ज्वालामुखी क्रिया (घ) पराबैंगनी तरंगें

90. ऊपरी सिलिकेट क्षेत्र किसका भाग है?
(क) पपड़ी (crust) (ख) क्रोड (core)
(ग) प्रावार (mantel) (घ) सियाल

91. पृथ्वी की पपड़ी (crust) का प्रमुख घटक कौन सा है?
(क) तलछट चट्टानें (ख) आग्नेय चट्टानें
(ग) कायांतरित चट्टानें (घ) ग्रेनाइट

92. आग्नेय चट्टानों के उदाहरण कौन से हैं?
(क) बेसाल्ट, ग्रेनाइट (ख) चूना पत्थर, लौह अयस्क
(ग) बलुआ पत्थर, क्यूप्राइट (घ) इनमें से कोई नहीं

93. कायांतरित चट्टानें कैसे बनती हैं?
(क) तलछट के द्वारा
(ख) अत्यधिक गरमी तथा दाब के कारण आग्नेय एवं तलछट चट्टानें कायांतरित चट्टानों में बदल जाती हैं।
(ग) समुद्र में विशाल ज्वार-भाटे के कारण
(घ) इनमें से कोई नहीं

94. कायांतरित चट्टानों के उदाहरण कौन से हैं?
(क) एल्युमीनियम अयस्क, लौह अयस्क
(ख) नाइस (ग्रेनाइट जैसी चट्टान), मारबल (संगमरमर)
(ग) बलुआ पत्थर, चूना पत्थर
(घ) बेसाल्ट, ग्रेनाइट

95. कौन सी चट्टान जलीय मानी जाती है?
(क) आग्नेय (ख) तलछट
(ग) कायांतरित (घ) इनमें से कोई नहीं

उत्तर के लिए कृपया पृष्ठ सं. 138 व 139 देखें।

96. चूना पत्थर किस चट्टान का उदाहरण है ?
(क) आग्नेय (ख) तलछट
(ग) कायांतरित (घ) अंतर्वेधी आग्नेय

97. पृथ्वी की चट्टानें प्रमुखत: किससे बनती हैं ?
(क) संपीडन (ख) घनीकरण
(ग) ऊर्ध्वपातन (घ) तलछट

98. अकार्बनिक चट्टान का उदाहरण क्या है ?
(क) कोयला (ख) लिग्नाइट (भूरा कोयला)
(ग) ग्रेनाइट (घ) पांस (peat)

99. पानी में कूड़ा-करकट जमा हो जाने से कौन सी चट्टान बनती है ?
(क) मृण्मय चट्टानें (ख) कायांतरित चट्टानें
(ग) तलछट चट्टानें (घ) इनमें से कोई नहीं

100. किसी चट्टान की संचरण-क्षमता क्या कहलाती है ?
(क) प्रस्वेदन (ख) द्रवणशीलता
(ग) पारगम्यता (घ) सरंध्रता

101. 'अपक्षयण' (weathering) का क्या अर्थ है ?
(क) किसी स्थान का मौसम
(ख) मौसम बदलने की प्रक्रिया
(ग) गरमी और सर्दी की वजह से छोटे-छोटे कणों में चट्टानों के बदलने की प्रक्रिया
(घ) पानी के भाप में बदलने की प्रक्रिया

102. हिमालय क्षेत्र में कौन सी चट्टानें पाई जाती हैं ?
(क) आग्नेय (ख) तलछट
(ग) कायांतरित (घ) ग्रेनाइट

103. 'स्लेट' किसके कायांतरण का परिणाम है ?
(क) संगमरमर (ख) रेत
(ग) ग्रेफाइट (घ) मिट्टी

104. पृथ्वी की परिधि सर्वप्रथम किसने मापी थी ?
(क) इरैटोस्थनीज (ख) आर्यभट्ट
(ग) गैलीलियो (घ) न्यूटन

उत्तर के लिए कृपया पृष्ठ सं. 139 देखें।

105. 22 दिसंबर को सबसे लंबा दिन और सबसे छोटी रात किस स्थान पर होती है ?

(क) मेलबोर्न (ख) मैड्रिड

(ग) मॉस्को (घ) दिल्ली

106. पृथ्वी का ध्रुवीय व्यास विषुवत् व्यास की तुलना में कितना छोटा है ?

(क) लगभग 65 कि.मी. (ख) लगभग 80 कि.मी.

(ग) लगभग 105 कि.मी. (घ) लगभग 42 कि.मी.

107. ध्रुवीय परिधि की तुलना में भूमध्य परिधि कितनी ज्यादा है ?

(क) लगभग 600 कि.मी. (ख) लगभग 130 कि.मी.

(ग) लगभग 22 कि.मी. (घ) लगभग 75 कि.मी.

108. तुल्यकाली (geostationary) कक्षा कितनी ऊँचाई पर है ?

(क) 360 कि.मी. (ख) 3,600 कि.मी.

(ग) 36,000 कि.मी. (घ) 10,000 कि.मी.

109. जापान को 'सूर्योदय का देश' क्यों कहा जाता है ?

(क) वहाँ सूर्य पूरे दिन पूर्वी भाग में रहता है

(ख) वहाँ सूर्य कभी नहीं छिपता

(ग) जापान विश्व के सुदूर पूर्वी भाग में है, अत: सबसे पहले सूर्य वहीं उगता है।

(घ) समुद्र के पानी से प्रतिबिंबित होकर सूर्य की किरणों से अद्‌भुत सुंदर दृश्य उभरता है।

110. पृथ्वी अपने अक्ष पर किसके चारों ओर चक्कर लगाती है ?

(क) चंद्रमा (ख) प्लूटो

(ग) ध्रुव तारा (घ) सूर्य

111. पृथ्वी सूर्य के चारों ओर अपनी कक्षा में कितने समय में चक्कर लगाती है ?

(क) लगभग 1° प्रतिदिन (ख) लगभग 2° प्रतिदिन

(ग) लगभग 5° प्रतिदिन (घ) लगभग 10° प्रतिदिन

112. 'अलबिदो' क्या है ?

(क) यह ओजोन है, जो सूर्य की पराबैंगनी किरणों को सोख लेती है।

उत्तर के लिए कृपया पृष्ठ सं. 139 देखें।

(ख) वायुमंडल के ऊपरी भाग, बादलों तथा पृथ्वी की सतह के बर्फ से ढके क्षेत्रों द्वारा अंतरिक्ष में वापस परावर्तित विद्युत्-रोधन की मात्रा है।

(ग) इससे पृथ्वी के धरातल पर सौर-विकिरणों का एक भाग परावर्तित होता है।

(घ) इनमें से कोई नहीं

113. समय के सापेक्ष पृथ्वी का ऐतिहासिक अध्ययन क्या कहलाता है?

(क) भूगोल (ख) जीवाश्म विज्ञान

(ग) भू-कालानुक्रम (घ) भू-आकृति विज्ञान

114. पृथ्वी के किस धरातल पर सर्वाधिक विद्युत्-रोधन होता है?

(क) विषुवत् क्षेत्र (ख) जलीय पदार्थ

(ग) उष्णकटिबंधीय रेगिस्तान (घ) बहुत बड़े भूभाग

115. पृथ्वी पर चंद्रमा का सबसे ज्यादा प्रभाव क्या पड़ता है?

(क) रात को रोशनी मिलती है

(ख) सागर में ज्वार-भाटे उठते-गिरते हैं

(ग) गुरुत्वाकर्षण शक्ति से पृथ्वी में चंद्रमा की ओर खिंचाव आता है

(घ) इनमें से कोई नहीं

116. पृथ्वी की पपड़ी (crust) के क्रिया-कलाप, ज्वालामुखी के फटने और भूकंप आने के लिए उत्तरदायी शक्तियाँ क्या कहलाती हैं?

(क) उप-भौतिक बल

(ख) गुरुत्वाकर्षण बल

(ग) विवर्तनिकी बल

(घ) पर्वत-निर्माण संबंधी क्रिया-कलाप

117. पृथ्वी के क्रोड भाग से संबद्ध कौन सा कथन सही नहीं है?

(क) यह ठोस पिंड के रूप में कार्य करता है

(ख) इसमें हलके खनिज पदार्थ होते हैं

(ग) यह गरम और पिघलनेवाली चट्टानों से बनता है

(घ) इसका तापमान लगभग 3000° सेंटीग्रेड होता है

उत्तर के लिए कृपया पृष्ठ सं. 139 देखें।

118. पृथ्वी का ध्रुवों पर थोड़ी चपटी होने का क्या कारण है ?

(क) पृथ्वी की परिक्रमण गति

(ख) सूर्य की गुरुत्वाकर्षण शक्ति

(ग) ऊपरी वायुमंडलीय दाब

(घ) पृथ्वी के क्रोड भाग में ऊष्मा का होना

119. सियाचिन ग्लेशियर कहाँ है ?

(क) लद्दाख (ख) जम्मू

(ग) गढ़वाल (घ) अक्साई-चिन

120. पूर्वोत्तर भारत में मृदा अपरदन प्रमुखत: किस कारण से हुआ है ?

(क) भारी वर्षा

(ख) इमारती लकड़ियों की अंधाधुंध कटाई

(ग) पर्वतीय भूभाग

(घ) बदल-बदलकर खेती करना

□

उत्तर के लिए कृपया पृष्ठ सं. 139 देखें।

वायुमंडल और वायु

121. वायुमंडल की सबसे निचली परत कौन सी है ?
(क) क्षोभमंडल (ख) आयनमंडल
(ग) समतापमंडल (घ) बहिर्मंडल

122. सबसे नीचे से लेकर सबसे ऊपर तक वायुमंडल की परतों का क्रम बताएँ—
(क) आयनमंडल, बहिर्मंडल, समतापमंडल, क्षोभमंडल
(ख) समतापमंडल, क्षोभमंडल, आयनमंडल, बहिर्मंडल
(ग) क्षोभमंडल, समतापमंडल, आयनमंडल, बहिर्मंडल
(घ) क्षोभमंडल, आयनमंडल, बहिर्मंडल, समतापमंडल

123. परिमाण (आयतन) की दृष्टि से वायुमंडल में कौन सी गैस सर्वाधिक है ?
(क) नाइट्रोजन और मीथेन
(ख) नाइट्रोजन
(ग) ऑक्सीजन और कार्बन-डाइऑक्साइड
(घ) हाइड्रोजन और नाइट्रोजन

124. अपक्षय (weathering) कहाँ होता है ?
(क) समतापमंडल (ख) क्षोभमंडल
(ग) बहिर्मंडल (घ) आयनमंडल

125. वायुमंडल की किस परत का तापमान एक समान रहता है ?
(क) क्षोभमंडल (ख) बहिर्मंडल
(ग) समतापमंडल (घ) आयनमंडल

उत्तर के लिए कृपया पृष्ठ सं. 139 देखें।

126. वायुमंडल में कौन सी गैस पराबैंगनी किरणों को सोख लेती है ?

(क) मीथेन (ख) नाइट्रोजन

(ग) ओजोन (घ) हीलियम

127. वायुमंडल की किस परत में 'आयन' नामक ऐसे विद्युत् कण होते हैं, जो बेतार संचार में सबसे ज्यादा उपयुक्त होते हैं ?

(क) समतापमंडल (ख) आयनमंडल

(ग) बहिर्मंडल (घ) क्षोभमंडल

128. वायुमंडल की किस परत में भरपूर ओजोन होती है, जो सूर्य की पराबैंगनी किरणों को सोख लेती है ?

(क) बहिर्मंडल (ख) क्षोभमंडल

(ग) समतापमंडल (घ) इनमें से कोई नहीं

129. वायुमंडल की कौन सी परत मरु (desert) होती है ?

(क) आयनमंडल (ख) क्षोभमंडल

(ग) समतापमंडल (घ) बहिर्मंडल

130. उड़ान भर रहे विमान के लिए समतापमंडल क्यों उपयुक्त माना जाता है ?

(क) इस परत में ओजोन होती है

(ख) प्रतिकूल तापमान विमान-इंजन की दक्षता के लिए आदर्श होता है

(ग) यह परत फ्लाई रेंज (उड़ान क्षेत्र) से बाहर होती है

(घ) इसमें बादल तथा अन्य अपक्षयण घटक नहीं होते हैं

131. फैरेल्स का नियम किससे जुड़ा है ?

(क) वायु की दिशा (ख) वायु का वेग

(ग) तरंगों की प्रबलता (घ) इनमें से कोई नहीं

132. चक्रवात क्या होता है ?

(क) निम्न दाब समूह, जहाँ उत्तरी गोलार्द्ध में वायु दक्षिणावर्त बहती है

(ख) उच्च दाब समूह, जहाँ उत्तरी गोलार्द्ध में वायु वामावर्त बहती है

(ग) निम्न दाब समूह, जहाँ उत्तरी गोलार्द्ध में वायु वामावर्त बहती है

(घ) उच्च दाब समूह, जहाँ उत्तरी गोलार्द्ध में वायु दक्षिणावर्त बहती है

133. प्रतिचक्रवात क्या होता है ?

(क) निम्न दाब समूह, जहाँ उत्तरी गोलार्द्ध में वायु दक्षिणावर्त बहती है

उत्तर के लिए कृपया पृष्ठ सं. 139 देखें।

(ख) उच्च दाब समूह, जहाँ उत्तरी गोलार्द्ध में वायु दक्षिणावर्त बहती है
(ग) निम्न दाब समूह, जहाँ दक्षिणी गोलार्द्ध में वायु दक्षिणावर्त बहती है
(घ) इनमें से कोई नहीं

134. वायुमंडल के निश्चित भागों में उपस्थित अत्यधिक उच्च वेगवाले ऊपरी पवन-तंत्र को क्या कहा जाता है?
(क) चक्रवात (ख) प्रतिचक्रवात
(ग) मानसून (घ) जेट पवन

135. बरखान (बलुआ पहाड़) किस कारण बनते हैं?
(क) वायु (ख) ग्लेशियर
(ग) भू-गत जल (घ) तूफान

136. टॉरनेडो (बवंडर) किसे कहते हैं?
(क) अत्यधिक उच्च दाब केंद्र
(ख) अत्यधिक निम्न दाब केंद्र
(ग) अत्यधिक उच्च सागरीय तरंग
(घ) भूमंडलीय पवन

137. समुद्र तल पर वायुमंडल द्वारा पड़नेवाला दाब कितना होता है?
(क) 5 कि.ग्रा./वर्ग सें.मी. (ख) 1 कि.ग्रा./वर्ग सें.मी.
(ग) 2 कि.ग्रा./वर्ग सें.मी. (घ) 10 पौंड/वर्ग सें.मी.

138. वायु से संबद्ध तात्कालिक कारण क्या होता है?
(क) पृथ्वी का परिक्रमण
(ख) दाब-ढलान
(ग) भूमि और समुद्र संबंधी वितरण
(घ) कोरिऑलिस प्रभाव

139. कोरिऑलिस प्रभाव कैसे उत्पन्न होता है?
(क) पृथ्वी का परिक्रमण (ख) पृथ्वी का घूर्णन
(ग) पृथ्वी कर त्वरण (घ) दाब-ढलान

140. रात के समय पर्वत की चोटी से चलकर घाटी की ओर बहनेवाली ठंडी हवा क्या कहलाती है?

उत्तर के लिए कृपया पृष्ठ सं. 139 व 140 देखें।

(क) थल समीर (ख) उपत्यका वायु
(ग) अध:प्रवाह वायु (घ) व्यापारिक वायु

141. हवा में कार्बन डाइऑक्साइड की प्रतिशत मात्रा कितनी होती है ?
(क) 28 प्रतिशत (ख) 78 प्रतिशत
(ग) 3.4 प्रतिशत (घ) 0.03 प्रतिशत

142. दाब-क्षेत्र बदलने से वायु-क्षेत्र पर क्या प्रभाव पड़ता है ?
(क) वायु-क्षेत्र में दाब-क्षेत्र के अनुकूल परिवर्तन नहीं होता
(ख) वायु-क्षेत्र विपरीत दिशा में बदल जाता है
(ग) वायु-क्षेत्र कभी-कभी बदल जाता है
(घ) दाब-क्षेत्र की दिशा में ही वायु-क्षेत्र बदल जाता है

143. कौन सी वायु/तरंग 'भूमंडलीय पवन' नहीं है ?
(क) व्यापारिक पवन (ख) पश्चिम से चलनेवाली वायु
(ग) पूरब से चलनेवाली वायु (घ) उपर्युक्त सभी

144. समुद्र और थल के बीच दाब संबंधी मौसमी अंतर से क्या घटित होता है ?
(क) पछुआ पवन (ख) व्यापारिक पवन
(ग) समुद्री समीर (घ) मानसून

145. किस ॠतु में व्यापारिक पवन सबसे तेज चलती है ?
(क) शीत ॠतु (ख) वर्षा ॠतु
(ग) ग्रीष्म ॠतु (घ) वसंत ॠतु

146. 'स्लिंग हाइग्रोमीटर' से क्या मापा जाता है ?
(क) वायु का वेग (ख) दाब
(ग) आर्द्रता (घ) तापमान

147. 'गरजता चालीसा' (roaring forties) किसे कहा जाता है ?
(क) निम्न विस्तार ज्वार तरंग
(ख) निम्न वेग व्यापारिक पवन
(ग) उच्च वेग की पश्चिमी हवाएँ
(घ) निम्न वेग की ध्रुवीय हवाएँ

148. नाइट्रोजन किस प्रक्रिया में सहायक होता है ?
(क) वर्षा आने में (ख) दाब नियंत्रण में

उत्तर के लिए कृपया पृष्ठ सं. 140 देखें।

(ग) जनसंख्या नियंत्रण में (घ) दहन-प्रक्रिया पर नियंत्रण में

149. किस प्रक्रिया के तहत जलवाष्प पुन: पानी में बदल जाती है ?

(क) संघनन (ख) वाष्पीकरण

(ग) भाप बनना (घ) ऊर्ध्वपातन

150. अधिकतम मौसमी विभेद किस क्षेत्र में पाए जाते हैं ?

(क) ध्रुवीय (ख) शीतोष्ण

(ग) भूमध्य (घ) उष्णकटिबंध

151. गरम हवा 'फोह्न' (foehn) कहाँ से चलती है ?

(क) आल्प्स (ख) एंडीज

(ग) हिमालय (घ) रॉकीज

152. 'कुहरा' क्या होता है ?

(क) बादल (ख) पक्षाभस्तरी मेघ

(ग) निम्नस्तरी मेघ (घ) गंदी वायु

153. कौन सा तत्त्व वायुमंडल का परिवर्तनीय घटक नहीं है ?

(क) जलवाष्प (ख) धूल कण

(ग) नाइट्रोजन (घ) कार्बन डाइऑक्साइड

154. 'बादल' क्या है ?

(क) संचित भाप

(ख) अवपाती वर्षा

(ग) छोटी-छोटी बूँदें तथा बर्फ के कणों के रूप में घनीभूत नमी

(घ) घनीभूत जल

155. 'पक्षाभ' का अर्थ क्या है ?

(क) ओलों से युक्त बादल (ख) निम्न बादल

(ग) संचित भाप (घ) उच्च बादल

156. वायु के वेग का संबंध किससे है ?

(क) तापमान (ख) दाब-ढलान

(ग) पृथ्वी का परिक्रमण (घ) पृथ्वी का घूर्णन

157. विषुवत् क्षेत्र में निम्न दाब के क्या कारण हैं ?

(क) उच्च तापमान और उच्च अपकेंद्री बल

उत्तर के लिए कृपया पृष्ठ सं. 140 देखें।

(ख) निम्न आर्द्रता

(ग) उच्च आर्द्रता

(घ) निम्न दाब

158. पर्वतों के उस वायु प्रतिकूल पार्श्व भाग, जहाँ वर्षा नहीं पहुँच पाती है, को किस नाम से जाना जाता हैं ?

(क) वर्षाच्छादित क्षेत्र (ख) अध:प्रवाह क्षेत्र

(ग) मरुस्थलीय क्षेत्र (घ) शुष्क क्षेत्र

159. किस कारण से वायुमंडल में प्रकाश अधिक-से-अधिक परावर्तित होता है ?

(क) ओजोन (ख) धूल कण

(ग) कार्बन डाइऑक्साइड (घ) जलवाष्प

160. जलवायु का सर्वाधिक महत्त्वपूर्ण तत्त्व कौन सा है ?

(क) आर्द्रता (ख) दाब

(ग) वर्षा (घ) तापमान

161. 'बर्फीले तूफान' (blizzard) किस क्षेत्र में आते हैं ?

(क) शीतोष्ण क्षेत्र (ख) भूमध्य क्षेत्र

(ग) उष्णकटिबंधीय क्षेत्र (घ) अंटार्कटिक क्षेत्र (दक्षिणी ध्रुव)

162. गरम हवा ऊपर क्यों उठती है ?

(क) गरम हवा भारी होती है

(ख) गरम हवा हलकी तथा कम घनी होती है

(ग) यह गरम हवा की प्रकृति होती है

(घ) इनमें से कोई नहीं

163. मौसम संबंधी अधिकतम भिन्नता कहाँ पाई जाती है ?

(क) उच्च अक्षांश (ख) उप-उष्णकटिबंध

(ग) मध्य अक्षांश (घ) अत्यधिक उच्च अक्षांश

164. किन देशों पर पश्चिमी हवाओं का प्रभाव पड़ता हैं ?

(क) कोलंबिया, पश्चिमी यूरोप (ख) न्यूजीलैंड

(ग) दक्षिण-पश्चिम अफ्रीका (घ) उपर्युक्त सभी

उत्तर के लिए कृपया पृष्ठ सं. 140 देखें।

165. किसी स्थान की जलवायु मुख्यत: किस पर निर्भर करती है ?

(क) समुद्र से दूरी (ख) अक्षांश

(ग) वात की दिशा (घ) सागर की धारा

166. 'सौर स्थिरांक' का क्या अर्थ है ?

(क) सूर्य द्वारा उत्सर्जित ऊर्जा (ख) सूर्य की दूरी

(ग) सूर्य का क्षेत्र (घ) सूर्य का परिमाण (mass)

167. जब तापमान ऊपर उठता है तब सापेक्ष आर्द्रता पर क्या प्रभाव पड़ता है ?

(क) बढ़ जाती है (ख) जैसी की तैसी बनी रहती है

(ग) कम हो जाती है (घ) कोई प्रभाव नहीं पड़ता

168. मध्य अक्षांश में उच्च गति का पवन क्या कहलाता है ?

(क) मिस्ट्रल (ख) फॉह्न

(ग) जेट धारा (घ) पश्चिमी हवा

169. जब ठंडी सतह पर आर्द्र हवा घनीभूत हो जाती है तब क्या उत्पन्न होता है ?

(क) ओस (ख) ओले

(ग) पक्षाभ (घ) इनमें से कोई नहीं

170. बंगाल की खाड़ी में आनेवाले उष्णकटिबंधीय चक्रवात क्या कहलाते हैं ?

(क) विलि-विलि (ख) अवदाब

(ग) टाइफून (घ) मिस्ट्रल

171. पश्चिमोत्तर भारत में सर्दियों में वर्षा किसके कारण होती है ?

(क) दक्षिण-पश्चिमी मानसून (ख) व्यापारिक पवन

(ग) पश्चिमी अवदाब (घ) इनमें से कोई नहीं

172. उच्च वेग से बहनेवाली 'गेल' कितने कि.मी. प्रति घंटे की गति से चलती है ?

(क) 20-60 (ख) 60-100

(ग) 100-140 (घ) 140-180

173. पवन प्राय.........दाब क्षेत्र से.........दाब क्षेत्र की ओर चलता है।

(क) उच्च, निम्न (ख) उच्च, औसत

(ग) निम्न, उच्च (घ) निम्न, औसत

उत्तर के लिए कृपया पृष्ठ सं. 140 देखें।

174. आर्द्रता से वायुमंडल में दाब के अलावा किसका पता चलता है?
(क) धूल कण (ख) ऑक्सीजन
(ग) जलवाष्प (घ) नाइट्रोजन

175. सर्वाधिक महत्त्वपूर्ण ऐसी कौन सी परत है, जिसमें जलवायु संबंधी सभी घटनाएँ शामिल होती हैं?
(क) बहिर्मंडल (ख) आयनमंडल
(ग) समतापमंडल (घ) क्षोभमंडल

176. निम्नलिखित में से कौन सा यंत्र आर्द्रता मापने में प्रयोग किया जाता है?
(क) हाइग्रोमीटर (ख) बैरोमीटर
(ग) थर्मोमीटर (घ) हाइड्रोमीटर

177. मानसूनी क्षेत्र किस व्यवसाय के लिए अनुकूल होता है?
(क) वन (ख) मत्स्य-पालन
(ग) उद्योग (घ) कृषि

178. भारत के किस महानगर में दैनिक तापमान की अधिकतम रेंज होती है?
(क) दिल्ली (ख) कोलकाता
(ग) चेन्नई (घ) मुंबई

□

उत्तर के लिए कृपया पृष्ठ सं. 140 देखें।

देशांतर और अक्षांश

179. किस समय दक्षिणी ध्रुव में निरंतर प्रकाश रहता है ?
   (क) मकर संक्रांति (ख) कर्क संक्रांति
   (ग) वासंतिक विषुव (घ) शरद् विषुव
180. भारत का मानक समय क्या है ?
   (क) ग्रीनविच समय से 4 घंटे आगे
   (ख) ग्रीनविच समय से 5½ घंटे आगे
   (ग) ग्रीनविच समय से 5½ घंटे पीछे
   (घ) ग्रीनविच समय से 4½ घंटे पीछे
181. शांत कटिबंध क्षेत्र (डोलड्रम) कहाँ पर है ?
   (क) भूमध्य रेखा के निकट (ख) ध्रुवीय क्षेत्रों के निकट
   (ग) कर्क रेखा पर (घ) मकर रेखा पर
182. 'अश्व-अक्षांश' क्या है ?
   (क) 0°-5° उत्तर तथा दक्षिण अक्षांश
   (ख) ध्रुवीय वृत्त
   (ग) 30°-40° उत्तर तथा दक्षिण अक्षांश
   (घ) 40°-60° उत्तर तथा दक्षिण अक्षांश
183. निम्नलिखित में से 'बृहत् वृत्त' कौन सा है ?
   (क) कर्क रेखा (ख) मकर रेखा
   (ग) भूमध्य रेखा (घ) ध्रुवीय वृत्त

उत्तर के लिए कृपया पृष्ठ सं. 140 देखें।

184. 'मध्य रात्रि का सूर्य' (midnight sun) का क्या अर्थ है ?

(क) द्वाभा (सांध्य प्रकाश)

(ख) अत्यधिक प्रकाशमान् चंद्रमा

(ग) उदित हो रहा सूरज

(घ) ध्रुवीय क्षेत्रों में लंबे समय तक चमकता सूरज

185. किस क्षेत्र में अधिकतम ओजोन होती है ?

(क) भूमध्य-रेखा के पास (ख) 50° अक्षांश ध्रुव की ओर

(ग) मकर रेखा के पास (घ) 25° अक्षांश भूमध्य रेखा की ओर

186. 'अंतरराष्ट्रीय तिथि रेखा' क्या है ?

(क) भूमध्य रेखा (ख) 0° देशांतर रेखा

(ग) 90° देशांतर रेखा (घ) 180° देशांतर रेखा

187. जिस समय दिन और रात पूरे ग्लोब में समान होते हैं, उस समय सूर्य की स्थिति कहाँ होती है ?

(क) भूमध्य रेखा (ख) कर्क रेखा

(ग) ध्रुव (घ) मकर रेखा

188. ग्लोब पर अक्षांश और देशांतर परस्पर कितने डिग्री पर काटते हैं ?

(क) 30° (ख) 45°

(ग) 90° (घ) 180°

189. किस जलडमरू-मध्य से होकर अंतरराष्ट्रीय तिथि रेखा गुजरती है ?

(क) पाक जलडमरू-मध्य (ख) फ्लोरिडा जलडमरू-मध्य

(ग) बेरिंग जलडमरू-मध्य (घ) जिब्राल्टर जलडमरू-मध्य

190. जब जहाज पश्चिम से पूरब की ओर अंतरराष्ट्रीय तिथि रेखा पार करता है तब क्या होता है ?

(क) एक दिन बढ़ जाता है (ख) एक दिन कम हो जाता है

(ग) आधा दिन कम हो जाता है (घ) आधा दिन बढ़ जाता है

191. ग्रीनविच मीन टाइम किस देश का मानक समय है ?

(क) ब्रिटेन (ख) भारत

(ग) फ्रांस (घ) जर्मनी

उत्तर के लिए कृपया पृष्ठ सं. 140 देखें।

192. भारत की उत्तरी सीमा कहाँ स्थित है ?

(क) 37°6' उत्तरी अक्षांश (ख) 34°6' उत्तरी अक्षांश

(ग) 36°10' उत्तरी अक्षांश (घ) 37°10' उत्तरी अक्षांश

193. भारत की सुदूर दक्षिणवर्ती सीमा कितने अक्षांश पर है ?

(क) 6°4' उत्तर (ख) 8°6' उत्तर

(ग) 8°4' उत्तर (घ) 9°6' उत्तर

194. ध्रुवों पर दिन कितने समय का होता है ?

(क) 12 घंटे (ख) 24 घंटे

(ग) 1 माह (घ) 6 माह

195. कौन सा राज्य कर्क रेखा से दो भागों में नहीं बँटता है ?

(क) गुजरात (ख) उड़ीसा

(ग) पश्चिम बंगाल (घ) राजस्थान

196. दक्षिणी ध्रुव का अक्षांश कितना है ?

(क) 0° (ख) 90°

(ग) 45° (घ) 180°

197. पृथ्वी पर किस जगह दिन और रात बराबर होते हैं ?

(क) ध्रुव (ख) भूमध्य रेखा

(ग) कर्क रेखा (घ) प्रधान मध्याह्न रेखा

198. कौन सा अक्षांश भारत से होकर गुजरता है ?

(क) भूमध्य रेखा (ख) उत्तर ध्रुवीय (आर्कटिक) वृत्त

(ग) कर्क रेखा (घ) मकर रेखा

199. पृथ्वी की सतह पर खींचा जा सकनेवाला सबसे बड़ा वृत्त कहाँ से होकर गुजरता है ?

(क) कर्क रेखा (ख) भूमध्य रेखा

(ग) आर्कटिक वृत्त (घ) मकर रेखा

200. पृथ्वी के केंद्र से अधिकतम दूरी पर कौन सा बिंदु है ?

(क) दक्षिणी ध्रुव (ख) मकर रेखा

(ग) भूमध्य रेखा (घ) उत्तर ध्रुवीय वृत्त (आर्कटिक)

उत्तर के लिए कृपया पृष्ठ सं. 141 देखें।

201. किसी स्थान का अक्षांश किसकी सापेक्ष कोणीय स्थिति दरशाता है ?
(क) भूमध्य रेखा (ख) दक्षिणी ध्रुव
(ग) अंटार्कटिक वृत्त (घ) कर्क रेखा

202. किस महासागर में अंतरराष्ट्रीय दिनांक रेखा स्थित है ?
(क) आर्कटिक महासागर (ख) अटलांटिक महासागर
(ग) प्रशांत महासागर (घ) हिंद महासागर

203. भूमध्य रेखा पर देशांतर की एक डिग्री कितनी दूरी के बराबर होती है ?
(क) 34.8 मील (ख) 50 मील
(ग) 69 मील (घ) 82 मील

204. पृथ्वी अपने अक्ष पर 24 घंटे में 360° घूम जाती है। प्रत्येक 15° अक्षांश कितना समय दरशाता हैं ?
(क) आधा घंटा (ख) एक घंटा
(ग) सवा घंटा (घ) दो घंटे

205. देशांतर और अक्षांश की क्या विशेषता है ?
(क) परस्पर समानांतर चलते हैं
(ख) परस्पर लंबवत् चलते हैं
(ग) भूमध्य रेखा के समानांतर चलते हैं
(घ) ध्रुवों से होकर गुजरते हैं

206. पृथ्वी पर किसी बिंदु के अक्षांश की दूरी किस तरह मापी जाती है ?
(क) विषुवत् रेखा पर बने कोण द्वारा
(ख) ध्रुवों पर बने कोण द्वारा
(ग) भूमध्य रेखा से दूरी द्वारा
(घ) ध्रुवों से दूरी द्वारा

207. विश्व कितने काल क्षेत्र (टाइम जोन) में विभाजित है ?
(क) चौबीस (ख) चौवन
(ग) अठारह (घ) नब्बे

208. किसी देश का स्थानीय समय उसकी किस स्थिति से निर्धारित किया जाता है ?
(क) अक्षांश स्थिति (ख) देशांतर स्थिति
(ग) समुद्र तल से ऊँचाई (घ) समुद्र से दूरी

उत्तर के लिए कृपया पृष्ठ सं. 141 देखें।

209. संयुक्त राज्य अमेरिका कितने काल क्षेत्र (टाइम जोन) में बँटा है ?

(क) दो | (ख) एक
(ग) पाँच | (घ) सात

210. कनाडा कितने काल क्षेत्र (टाइम जोन) में बँटा है ?

(क) तीन | (ख) चार
(ग) छह | (घ) पाँच

211. आई.एस.टी. (भारतीय मानक समय) और जी.एम.टी. (ग्रीनविच मीन टाइम) में कितना अंतर है ?

(क) 4 घंटे 30 मिनट | (ख) 5 घंटे 30 मिनट
(ग) 6 घंटे | (घ) 8 घंटे 30 मिनट

212. किसी देश की घड़ियों का समय किसके अनुसार तय किया जाता है ?

(क) ग्रीनविच मीन टाइम | (ख) देश का स्थानीय समय
(ग) उस देश का मानक समय | (घ) इनमें से कोई नहीं

213. ऑस्ट्रेलिया का समय आई.एस.टी. (भारतीय मानक समय) से कितना आगे है ?

(क) 3 घंटे 30 मिनट | (ख) 5 घंटे
(ग) 4 घंटे | (घ) 7 घंटे 30 मिनट

214. देशांतर में अधिकतम अंतर कहाँ पर पाया जाता है ?

(क) भूमध्य रेखा | (ख) उष्णकटिबंध
(ग) ध्रुव | (घ) अंटार्कटिक वृत्त

215. कोलकाता का देशांतर निर्धारित करते समय निम्नलिखित में से किसकी दूरी पर ध्यान दिया जाता है ?

(क) प्रधान मध्याह्न | (ख) मकर रेखा
(ग) दक्षिणी ध्रुव | (घ) भूमध्य रेखा

216. स्थानीय समय ज्ञात करने का सामान्य फॉर्मूला (सूत्र) कौन सा है ?

(क) LT = GMT : SCT | (ख) LT = GMT $\pm$ SCT
(ग) LT = SCT-GMT | (घ) LT = GMT + 8 $\pm$ SCT

217. इनमें से किस स्थान का मानक समय जी.एम.टी. के अनुसार है ?

(क) दिल्ली | (ख) मैड्रिड
(ग) डबलिन | (घ) दुबई

उत्तर के लिए कृपया पृष्ठ सं. 141 देखें।

218. भारत में सुबह 10 बजे रेडियो से प्रसारित कार्यक्रम लंदन में कितने बजे सुना जा सकता है ?

(क) शाम 6.30 बजे　　(ख) शाम 4.30 बजे

(ग) सुबह 4.30 बजे　　(घ) रात्रि 3.30 बजे

संकेत = LT = GMT ± SCT (लंदन का जी.एम.टी. स्थानीय समय के अनुसार होता है।)

10:00 = जी.एम.टी. + 5:30

219. यदि किसी शहर का स्थानीय समय शाम 6 बजे है और ग्रीनविच समय शाम 4 बजे है, तो उस शहर का देशांतर क्या है ?

(संकेत : प्रत्येक 15° = 1 घंटा)

(क) 20° पश्चिम　　(ख) 60° पूरब

(ग) 30° पूरब　　(घ) 30° पश्चिम

220. अंतरराष्ट्रीय रेखा एक काल्पनिक रेखा है। यह रेखा दोनों ध्रुवों के बीच स्थित है। यह पृथ्वी की सतह के स्थलों से संबद्ध है, लेकिन उक्त रेखा इनमें से किस याम्योत्तर (meridian) के साथ-साथ चलती है ?

(क) 45° याम्योत्तर (मध्याह्न)　　(ख) 90° याम्योत्तर (मध्याह्न)

(ग) 180° याम्योत्तर (मध्याह्न)　　(घ) 0° याम्योत्तर (मध्याह्न)

221. भारत का देशांतर विस्तार कितना है ?

(क) 67°7' पूर्व से 87°45' पूर्व　　(ख) 65°8' पूर्व से 78°15' पूर्व

(ग) 68°7' पूर्व से 97°25' पूर्व　　(घ) 68° पूर्व से 99°25' पूर्व

222. वह स्थान, जिसका स्थानीय समय ग्रीनविच मीन टाइम से 12 घंटे आगे है, कहाँ स्थित है ?

(क) 0° याम्योत्तर (मध्याह्न)　　(ख) 90° पूरब

(ग) 90° पश्चिम　　(घ) 180° पश्चिम

223. निम्नलिखित में से कौन सा लघुवृत्त है ?

(क) भूमध्य रेखा　　(ख) 23½° पूरब

(ग) 0° पूरब　　(घ) 23½° उत्तर

224. प्रधान मध्याह्न को और क्या कहा जाता है ?

(क) विषुवत् रेखा　　(ख) आर्कटिक (उत्तर ध्रुवीय) वृत्त

(ग) ग्रीनविच मध्याह्न　　(घ) कर्क रेखा

उत्तर के लिए कृपया पृष्ठ सं. 141 देखें।

225. नेपाल का मानक समय (घड़ी का) क्या है ?

(क) t 5:45 (ख) - 6:30

(ग) - 5:45 (घ) + 2:30

226. ग्रेट ब्रिटेन की घड़ी का मानक समय क्या है ?

(क) -3:30 (ख) + 4:30

(ग) जी.एम.टी. के अनुसार (घ) -6:30

227. किस स्थान का स्थानीय समय जी.एम.टी. से पीछे है ?

(क) भारत (ख) सिंगापुर

(ग) ग्रीनलैंड (घ) न्यूजीलैंड

□

उत्तर के लिए कृपया पृष्ठ सं. 141 देखें।

विक्षोभ और कारक

228. जब पृथ्वी की सतह में छेद हो जाता है तो उसमें से गरम जल और भाप की धारा नियमित अंतराल पर फूटती है। इसे क्या कहा जाता है ?

(क) ज्वालामुखी (ख) गरम स्रोत

(ग) गीजर (घ) अनाच्छादन

229. भूकंप क्यों आते हैं ?

(क) चक्रवात से

(ख) भू-स्खलन से

(ग) पृथ्वी के नीचे विवर्तनिक बल से

(घ) धरातल पर परमाणु विस्फोट से

230. हिमालय पर्वत के निर्माण का क्या कारण है ?

(क) अनाच्छादन

(ख) पृथ्वी की पपड़ी का भ्रंशन

(ग) टेथिस नामक भू-अभिनति का वलन

(घ) पृथ्वी की पपड़ी का वलन

231. निम्नलिखित में से कौन सी पश्च-ज्वालामुखी क्रिया मानी जाती है ?

(क) गरम स्रोत का बनना (ख) भूकंप

(ग) लावा निकलना (घ) लैगून बनना

उत्तर के लिए कृपया पृष्ठ सं. 141 देखें।

232. ‘भू-अभिनति’ तथा ‘एंटीकिलंस’ किससे संबंधित हैं ?
(क) ज्वालामुखी (ख) भ्रंशन
(ग) भूकंप (घ) वलन

233. भूकंप के परिणामस्वरूप उठनेवाली महासागरीय ज्वारीय लहरें क्या कहलाती हैं ?
(क) टॉरनेडो (ख) हरीकेन (तूफान)
(ग) सुनामी (घ) विली-विली (बवंडर)

234. पृथ्वी की पपड़ी में बने ज्वालामुखी छिद्र से क्या निकलता है ?
(क) गैस के बादल
(ख) पिघलता लावा
(ग) धूल, भाप और कभी-कभी चट्टानों के टुकड़े
(घ) उपर्युक्त सभी

235. कौन सा ज्वालामुखी कभी नहीं फूटता, लेकिन उसमें ज्वालामुखी के लक्षण मौजूद हैं ?
(क) मृत ज्वालामुखी (ख) सक्रिय ज्वालामुखी
(ग) विलुप्त ज्वालामुखी (घ) प्रसुप्त ज्वालामुखी

236. ज्वालामुखी से क्या बनता है ?
(क) नदी घाटी (ख) क्रेटर झील
(ग) समुद्री ताल (लैगून) (घ) तटीय मैदान

237. किस महासागर में विश्व के सबसे ज्यादा सक्रिय ज्वालामुखी पाए जाते हैं ? (इन्हें ‘आग का गोला’ भी कहा जाता है।)
(क) अंटार्कटिक महासागर (ख) प्रशांत महासागर
(ग) अटलांटिक महासागर (घ) हिंद महासागर

238. विज्ञान की किस शाखा में पृथ्वी की पपड़ी के भीतर होनेवाली हलचल का अध्ययन किया जाता है ?
(क) भू-विज्ञान (ख) भूगोल
(ग) भूकंप-विज्ञान (घ) पुरातात्त्विक विज्ञान

239. भूकंप की तीव्रता किससे मापी जाती है ?
(क) रिक्टर पैमाना (ख) सीकेंट पैमाना
(ग) मैथमेटिकल पैमाना (घ) मर्सली पैमाना

उत्तर के लिए कृपया पृष्ठ सं. 141 देखें।

240. ज्वालामुखी तथा भूकंप कहाँ पर अधिक फूटते/आते हैं ?
(क) तटीय क्षेत्र (ख) पठारी क्षेत्र
(ग) वलित और भ्रंशित क्षेत्र (घ) गहरे समुद्री मैदान

241. ज्वालामुखी क्यों फूटते हैं ?
(क) पृथ्वी की सतह के भीतर अत्यधिक दाब के कारण
(ख) गरमी और दाब के कारण पिघलते हुए मैग्मा तक पृथ्वी की भीतरी गहरी परतों में चट्टानों के परिवर्तन के कारण
(ग) पृथ्वी की प्लेट के पार्श्व के विस्थापन के कारण
(घ) भू-स्खलन के कारण

242. कैलडेरा (caldera) किससे संबंधित है ?
(क) भूकंप (ख) ज्वालामुखी
(ग) मानसून (घ) चट्टानों का वलन

243. अत्यधिक ऊष्मा और दाब के कारण निर्मित तथा पृथ्वी की सतह के नीचे पाई जानेवाली पिघली हुई चट्टान क्या कहलाती है ?
(क) लावा (ख) मैग्मा
(ग) बेसाल्ट (घ) चूना पत्थर

244. ज्वालामुखी के फूटने पर कौन से पदार्थ निकलते हैं ?
(क) ठोस और तरल (ख) केवल ठोस
(ग) तरल और गैसीय (घ) ठोस, तरल और गैसीय

245. सन् 2001 में गुजरात में आए भूकंप की दर रिक्टर पैमाने पर कितनी थी ?
(क) 5.6 (ख) 3.8
(ग) 7.9 (घ) 6.5

246. भूकंप बार-बार कहाँ पर आते हैं ?
(क) अमेरिका के पश्चिमी तट पर
(ख) एशिया के पूर्वी तट पर
(ग) दक्षिण-पूर्व प्रशांत महासागर के द्वीपों पर
(घ) उपर्युक्त सभी

247. भूकंप का उत्केंद्र किससे जुड़ा है ?
(क) भीतरी क्षेत्र में भूकंप के मूल स्थल से

उत्तर के लिए कृपया पृष्ठ सं. 141 देखें।

(ख) भूकंप के फोकस से ठीक ऊपर पृथ्वी की सतह पर बने बिंदु से
(ग) जिस स्थान पर सबसे पहले झटका महसूस किया गया, उससे
(घ) जिस स्थान पर कुछ नहीं होता, उससे

248. 'शील्ड ज्वालामुखी' का क्या अर्थ है ?
(क) बड़ी मात्रा में गैस का निष्कासन
(ख) बहुत कम समय के लिए लावा फूटना
(ग) बार-बार लावा का प्रवाह
(घ) विस्फोटक के रूप में लावा निकलना

249. निम्नलिखित में से कौन सा ज्वालामुखी प्रसुप्त है ?
(क) एटना (सिसली) (ख) माउंट पिनातबो (फिलीपींस)
(ग) विसुवियस (इटली) (घ) माउंट पोपा (म्याँमार)

250. फिलीपींस का कौन सा ज्वालामुखी था, जो लगभग छह शताब्दी तक प्रसुप्त रहने के बाद फूटा था ?
(क) माउंट फ्यूजीयामा (ख) माउंट एटना
(ग) माउंट पिनातबो (घ) माउंट स्ट्रॉम्बोल

251. प्राय: रिक्टर पैमाने पर भूकंप की तीव्रता की रेंज कितनी होती है ?
(क) 0-6 (ख) 0-8
(ग) 0-9 (घ) 0-20

252. लाल सागर किस प्रकार का उदाहरण है ?
(क) रिफ्ट घाटी (ख) अपरदित घाटी
(ग) वलित घाटी (घ) ज्वालामुखी संरचना

253. 'ग्राबेन' क्या है ?
(क) नतवलित क्षेत्र (ख) उद्वलन क्षेत्र
(ग) नतभ्रंशित क्षेत्र (घ) उत्भ्रंशित क्षेत्र

254. 'वलन' का प्रमुख कारण क्या है ?
(क) ऊर्ध्वाधर संपीडन (ख) क्षैतिज संपीडन
(ग) लावा का अंतर्वेधन (घ) हिमनद संबंधी क्रिया

255. भूकंप तरंगें कितने प्रकार की होती हैं ?
(क) दो (ख) तीन
(ग) चार (घ) पाँच

उत्तर के लिए कृपया पृष्ठ सं. 142 देखें।

256. भूकंप में अधिकतम हानि किसके कारण होती है ?
(क) एस-तरंगें (ख) पी-तरंगें
(ग) एल-तरंगें (घ) इनमें से कोई नहीं

257. उत्खंड (horst) कैसे निर्मित होते हैं ?
(क) दो भ्रंशित प्लेन (प्लेट) के बीच चट्टानों के नतभ्रंशन से
(ख) दो भ्रंशित प्लेन (प्लेट) के बीच चट्टानों के उत्थापन से
(ग) दो भू-भागों के बीच चट्टानों के संपीडन से
(घ) एकल थ्रस्ट प्लेन के साथ चट्टानों की पार्श्विक शिफ्ट से

258. अधिकांश स्थल भाग किन प्रक्रियाओं से बनते हैं ?
(क) आकस्मिक प्रक्रियाएँ
(ख) धीमी और सतत प्रक्रियाएँ
(ग) बहुत तीव्र प्रक्रियाएँ
(घ) आकस्मिक और तीव्र प्रक्रियाएँ

259. ब्लॉक पर्वत किसके द्वारा बनते हैं ?
(क) भूमि की सतह पर अपरदन बल
(ख) भूमि की सतह पर संपीडक बल
(ग) भूमि की सतह पर तनाव बल
(घ) इनमें से कोई नहीं

260. पूरी पृथ्वी कितनी प्रमुख प्लेटों में विभाजित है ?
(क) तीन (ख) चार
(ग) छह (घ) आठ

261. वलित पर्वत किन बलों के प्रभाव से अभी भी बन रहे हैं ?
(क) पृथ्वी का अपरदन बल (ख) पृथ्वी का विवर्तनिक बल
(ग) पृथ्वी का बहिर्जनक बल (घ) पृथ्वी का संपीडक बल

262. दक्कन पठार किसका उदाहरण है ?
(क) महाद्वीपीय पठार (ख) अंत:पर्वतीय पठार
(ग) गिरिपद पठार (घ) विच्छेदित पठार

263. 'सभ्यता का उद्गम' किसे माना जाता है ?
(क) पहाड़ी (ख) पठार
(ग) मैदान (घ) घाटी

उत्तर के लिए कृपया पृष्ठ सं. 142 देखें।

264. 'अपक्षयण' का क्या अर्थ है ?
(क) चट्टानों के ठोस बनने की प्रक्रिया
(ख) चट्टानों के व्यवस्था-विच्छिन्न होने की प्रक्रिया
(ग) नदी द्वारा पृथ्वी के पदार्थ हटाए जाने की प्रक्रिया
(घ) हवा द्वारा पृथ्वी के पदार्थ हटाए जाने की प्रक्रिया

265. 'मृदा संरक्षण' की प्रक्रिया में क्या होता है ?
(क) मृदा में उर्वरक मिलाए जाते हैं
(ख) मृदा वातित हो जाती है
(ग) मृदा को अपरदन से बचाया जाता है
(घ) मृदा का अपरदन होता है

266. पृथ्वी का सतही अपरदन किस कारण से होता है ?
(क) तेज तूफान (ख) भारी वर्षा
(ग) गतिमान बर्फ (घ) महासागरीय धारा

267. नदी द्वारा मृदा का अपरदन किस पर निर्भर करता है ?
(क) प्रवाह की गति (ख) उसकी चौड़ाई
(ग) उसकी गहराई (घ) उपर्युक्त सभी

268. बलकृत अपक्षय का क्या परिणाम होता है ?
(क) चट्टान का अपरदन (ख) चट्टान का अपघटन
(ग) चट्टान का विघटन (घ) चट्टान का अनाच्छादन

269. प्रवाही जल में निम्नलिखित में से क्या नहीं पाया जाता है ?
(क) सुरंग (ख) घाटी
(ग) गॉर्ज (घ) नदी घाटी

270. 'विसर्प' किससे बनते हैं ?
(क) ग्लेशियर (ख) नदी
(ग) समुद्री जल (घ) तूफान और पवन

271. इनमें से रासायनिक अपक्षय प्रक्रिया कौन सी है ?
(क) तापीय विस्तार (ख) ऑक्सीकरण
(ग) जलयोजन (घ) न्यूनीकरण

उत्तर के लिए कृपया पृष्ठ सं. 142 देखें।

272. श्रेणीकरण (gradation) के किस कारक से 'बलुआ पहाड़ी' का विरचन होता है ?

(क) प्रवाही जल (ख) ग्लेशियर

(ग) पवन (घ) महासागरीय जल

273. 'सर्क' (कटोरीनुमा घाटी) किससे निर्मित होती है ?

(क) ग्लेशियर (ख) महासागरीय धारा

(ग) पवन (घ) प्रवाही जल

274. मृदा के उद्गर्त व उड़कर शुष्क क्षेत्र में जाने की प्रक्रिया क्या कहलाती है ?

(क) अपघर्षण (ख) अपवाहन

(ग) विचलन (घ) अपक्षयण

275. चूना पत्थर की स्थलाकृति के क्षेत्र में कौन सा अपक्षय होता है ?

(क) बलकृत अपक्षय (ख) जैविक अपक्षय

(ग) रासायनिक अपक्षय (घ) अवकर्षण अपक्षय

276. 'मुहाना' (estuary) क्या है ?

(क) प्राकृतिक पत्तन

(ख) प्राकृतिक जल-प्रपात

(ग) प्रमुख धारा, जहाँ समुद्र और नदी का पानी मिलता है

(घ) महासागरीय धारा

277. पवन द्वारा निर्मित चंद्राकार बलुआ टिब्बा (sand-dune) क्या कहलाता है ?

(क) ग्लेशियर (ख) बरखांस

(ग) सर्क (घ) लैगून

278. 'सीफ' का निर्माण किसके कारण होता है ?

(क) नदी (ख) पवन

(ग) ग्लेशियर (घ) समुद्री लहरें

279. 'स्टैलेक्टाइट' (अवरोही निक्षेप) और 'स्टैलेग्माइट' (आरोही निक्षेप) किससे संबंधित हैं ?

(क) चूना पत्थर (ख) हीरा

(ग) ग्रेनाइट (घ) बलुआ पत्थर

उत्तर के लिए कृपया पृष्ठ सं. 142 देखें।

280. मृदा का निक्षालन (leaching) अधिकतर कहाँ होता है?
(क) कम वर्षावाले क्षेत्र (ख) वर्षा न होनेवाले क्षेत्र
(ग) भारी वर्षावाले क्षेत्र (घ) औसत वर्षावाले क्षेत्र

281. मृदा अपरदन को कैसे रोका जा सकता है?
(क) भूमि को उपजाऊ बनाकर (ख) पशुओं को चराकर
(ग) पेड़-पौधे लगाकर (घ) भूमि को ढलवाँ बनाकर

282. किस प्रकार के क्षेत्र भूकंप और ज्वालामुखी से जुड़े हैं?
(क) सागरीय मैदान (ख) तटीय क्षेत्र
(ग) पठार (घ) भ्रंशित और वलित क्षेत्र

283. ज्वालामुखी के साथ कौन सी आकृति जुड़ी है?
(क) ज्वालामुखी गर्त (क्रेटर) (ख) ज्वालामुखी कुंड
(ग) शंकु (cone) (घ) उपर्युक्त सभी

284. हरीकेन या टाइफून जैसे उष्ण कटिबंधीय चक्रवात कहाँ पर आते हैं?
(क) केवल स्थूल भूभाग पर (ख) उष्णकटिबंधीय क्षेत्र में कहीं भी
(ग) केवल पानी में (घ) जल और थल दोनों क्षेत्रों में

285. केंद्र से बाहर की ओर चलनेवाली उच्च दाब हवाएँ क्या कहलाती हैं?
(क) डोलड्रम (ख) प्रतिचक्रवात
(ग) दाबित पवन (घ) चक्रवात

□

उत्तर के लिए कृपया पृष्ठ सं. 142 देखें।

राजनीतिक

286. इंडोनेशिया का प्राचीन नाम क्या था?
    (क) डच गुयाना (ख) डच ईस्ट-इंडीज
    (ग) ब्रिटिश गुयाना (घ) कंपूचिया
287. मन्नार की खाड़ी कहाँ पर स्थित है?
    (क) प्रशांत महासागर (ख) बंगाल की खाड़ी
    (ग) अरब सागर (घ) भूमध्य सागर
288. सूरीनाम का प्राचीन नाम क्या था?
    (क) डच गुयाना (ख) वेनेजुएला
    (ग) ब्रिटिश गुयाना (घ) जायरे
289. विश्व की सबसे बड़ी खाड़ी (gulf) कौन सी है?
    (क) फारस की खाड़ी (ख) कैंबे की खाड़ी
    (ग) मैक्सिको की खाड़ी (घ) हडसन खाड़ी
290. ओस्लो कहाँ की राजधानी है?
    (क) स्वीडन (ख) डेनमार्क
    (ग) नॉर्वे (घ) हांगकांग
291. कौन सा जलडमरू-मध्य एशिया को उत्तरी अमेरिका से अलग करता है?
    (क) मलक्का जलडमरू-मध्य (ख) बेरिंग जलडमरू-मध्य
    (ग) पाक जलडमरू-मध्य (घ) जिब्राल्टर जलडमरू-मध्य

उत्तर के लिए कृपया पृष्ठ सं. 142 देखें।

292. भारत और पाकिस्तान के बीच कौन सी अंतरराष्ट्रीय सीमा-रेखा है?

(क) रेडक्लिफ रेखा (ख) डूरंड रेखा

(ग) मैकमोहन रेखा (घ) मैगीनॉट रेखा

293. कौन सा जलडमरू-मध्य अरब सागर और बंगाल की खाड़ी को जोड़ता है?

(क) डॉवर जलडमरू-मध्य (ख) मलक्का जलडमरू-मध्य

(ग) बेरिंग जलडमरू-मध्य (घ) पाक जलडमरू-मध्य

294. मलक्का जलडमरू-मध्य किन देशों के बीच स्थित है?

(क) जावा और सुमात्रा (ख) सुमात्रा और मलेशिया

(ग) भारत और पाकिस्तान (घ) जावा और ब्रुनेई

295. 'स्वेज नहर' किन दो सागरों को जोड़ती है?

(क) अरब सागर और भूमध्य सागर

(ख) भूमध्य सागर और लाल सागर

(ग) लाल सागर और अरब सागर

(घ) कैरेबियन सागर और बाल्टिक सागर

296. 'एलीफेंटा दर्रा' कहाँ पर है?

(क) श्रीलंका (ख) भारत

(ग) चीन (घ) नेपाल

297. कौन सी रेखा या जलडमरू-मध्य अफ्रीका को यूरोप से अलग करता है?

(क) पाक जलडमरू-मध्य (ख) मैकमोहन रेखा

(ग) जिब्राल्टर जलडमरू-मध्य (घ) बेरिंग जलडमरू-मध्य

298. कील नहर द्वारा कौन से सागर / महासागर जुड़े हैं?

(क) लाल सागर और काला सागर

(ख) उत्तरी सागर और बाल्टिक सागर

(ग) काला सागर और भूमध्य सागर

(घ) प्रशांत महासागर और अटलांटिक महासागर

299. सहारा मरुस्थल कहाँ है?

(क) एशिया (ख) अफ्रीका

(ग) यूरोप (घ) उत्तरी अमेरिका

उत्तर के लिए कृपया पृष्ठ सं. 142 देखें।

300. कैस्पियन सागर कहाँ पर है ?

(क) पूर्णत: यूरोप में (ख) अंशत: यूरोप और अफ्रीका में

(ग) पूर्णत: एशिया में (घ) अंशत: एशिया और यूरोप में

301. 'निप्पन' किस देश का पुराना नाम है ?

(क) हांगकांग (ख) जापान

(ग) चीन (घ) नॉर्वे

302. क्षेत्रफल की दृष्टि से सबसे बड़ा महाद्वीप कौन सा है ?

(क) यूरोप (ख) एशिया

(ग) अफ्रीका (घ) ऑस्ट्रेलिया

303. हवाई द्वीप समूह कहाँ पर है ?

(क) दक्षिणी प्रशांत महासागर (ख) दक्षिणी अटलांटिक महासागर

(ग) उत्तरी प्रशांत महासागर (घ) उत्तरी अटलांटिक महासागर

304. 'म्याँमार' किस देश का नया नाम है ?

(क) वियतनाम (ख) चीन

(ग) थाईलैंड (घ) बर्मा

305. भारत का क्षेत्रफल कितना है ?

(क) 28,32,623 वर्ग कि.मी. (ख) 56,23,263 वर्ग कि.मी.

(ग) 32,87,263 वर्ग कि.मी. (घ) 62,26,262 वर्ग कि.मी.

306. अमेरिका और यूरोप के बीच कौन सा महासागर है ?

(क) प्रशांत महासागर

(ख) अटलांटिक महासागर

(ग) उत्तर ध्रुवीय (आर्कटिक) महासागर

(घ) हिंद महासागर

307. फिजी की राजधानी कहाँ है ?

(क) बगदाद (ख) सूवा

(ग) साओ पॉलो (घ) बैंकॉक

308. भारत के साथ किस देश की सर्वाधिक लंबी अंतरराष्ट्रीय सीमा-रेखा है ?

(क) भूटान (ख) नेपाल

(ग) बँगलादेश (घ) चीन

उत्तर के लिए कृपया पृष्ठ सं. 142 व 143 देखें।

309. सीशैल्स द्वीप समूह कहाँ पर स्थित है ?
(क) अटलांटिक महासागर
(ख) हिंद महासागर
(ग) प्रशांत महासागर
(घ) उत्तर ध्रुवीय (आर्कटिक) महासागर

310. किस देश का पुराना नाम 'स्याम' है ?
(क) थाईलैंड (ख) श्रीलंका
(ग) कंबोडिया (घ) म्याँमार

311. विश्व का सबसे बड़ा द्वीप समूह कौन सा है ?
(क) जापान (ख) वेस्टइंडीज
(ग) श्रीलंका (घ) इंडोनेशिया

312. जर्मन संघीय गणराज्य की राजधानी कहाँ है ?
(क) हंबर्ग (ख) बर्लिन
(ग) हेलिंस्की (घ) ओस्लो

313. कौन से दक्षिण एशियाई देश मात्र जमीन से घिरे हैं ?
(क) भूटान और नेपाल (ख) नेपाल और बँगलादेश
(ग) भूटान और पाकिस्तान (घ) बँगलादेश और पाकिस्तान

314. डेनमार्क की राजधानी कहाँ है ?
(क) हेलिंस्की (ख) एथेंस
(ग) कोपेनहेगन (घ) लिस्बन

315. स्विट्जरलैंड की राजधानी कहाँ है ?
(क) वारसा (ख) रिगा
(ग) बर्न (घ) विक्टोरिया

316. फ्लोरिडा जलडमरू-मध्य किन दो देशों के बीच स्थित है ?
(क) इटली और सिसली (ख) जापान और कोरिया
(ग) क्यूबा और बह्मास (घ) जमैका और क्यूबा

317. विश्व की सबसे बड़ी जहाजी नहर कौन सी है ?
(क) अमेरिका की पनामा (ख) स्वीडन की गोटा
(ग) मिस्र की स्वेज (घ) जर्मनी की कील

उत्तर के लिए कृपया पृष्ठ सं. 143 देखें।

318. 'उलानबटोर' किस देश की राजधानी है ?

(क) लाओस (ख) जॉर्डन
(ग) मंगोलिया (घ) मालदीव

319. पीला सागर कहाँ है ?

(क) हिंद महासागर (ख) उत्तरी अटलांटिक महासागर
(ग) संयुक्त राज्य अमेरिका (घ) उत्तरी प्रशांत महासागर

320. भारत का सुदूर दक्षिणी छोर कौन सा है ?

(क) लक्षद्वीप (ख) कन्याकुमारी
(ग) रामेश्वरम (घ) तिरुवनंतपुरम

321. भारत का सुदूरतम पूर्वी राज्य कौन सा है ?

(क) अरुणाचल प्रदेश (ख) असम
(ग) नागालैंड (घ) मेघालय

322. हरियाणा और पंजाब की संयुक्त राजधानी कहाँ है ?

(क) जोधपुर (ख) गांधीनगर
(ग) पठानकोट (घ) चंडीगढ़

323. भारत और चीन के बीच सीमा-रेखा कौन सी है ?

(क) मैगीनॉट रेखा (ख) मैकमोहन रेखा
(ग) डूरंड रेखा (घ) रेडक्लिफ रेखा

324. पाकिस्तान की सीमा के साथ भारत का कौन सा राज्य स्थित है ?

(क) राजस्थान (ख) मध्य प्रदेश
(ग) उत्तर प्रदेश (घ) हिमाचल प्रदेश

325. दादरा और नगर हवेली किन राज्यों के बीच स्थित है ?

(क) आंध्र प्रदेश और मध्य प्रदेश (ख) गुजरात और महाराष्ट्र
(ग) गुजरात और मध्य प्रदेश (घ) उड़ीसा और आंध्र प्रदेश

326. भारत का चौबीसवाँ राज्य कौन सा है ?

(क) गोवा (ख) अरुणाचल प्रदेश
(ग) सिक्किम (घ) मणिपुर

327. भारत का पच्चीसवाँ राज्य कौन सा है ?

(क) गोवा (ख) नागालैंड
(ग) मिजोरम (घ) मेघालय

उत्तर के लिए कृपया पृष्ठ सं. 143 देखें।

328. सबसे छोटा केंद्र-शासित प्रदेश कौन सा है ?

(क) गोवा (ख) चंडीगढ़

(ग) लक्षद्वीप (घ) अंडमान और निकोबार

329. जम्मू-कश्मीर राज्य की शीतकालीन राजधानी कौन सी है ?

(क) लेह (ख) ऊधमपुर

(ग) जम्मू (घ) अनंतनाग

330. भारत में सबसे बड़ा सुदूर दक्षिणी एकल द्वीप कौन सा है ?

(क) मिनिकॉय द्वीप (ख) अंडमान और निकोबार द्वीप-समूह

(ग) रामेश्वरम द्वीप (घ) ग्रेट निकोबार द्वीप

331. सिक्किम की राजधानी कहाँ है ?

(क) कोहिमा (ख) गंगटोक

(ग) शिलांग (घ) आइजोल

332. भारत के किस शहर का एल.एम.टी. (Local Meridian Time) आई.एस.टी. (Indian Standard Time) से सबसे ज्यादा अंतरवाला है ?

(क) दिल्ली (ख) मुंबई

(ग) कोहिमा (घ) चेन्नई

333. अयोध्या नगरी किस नदी के किनारे स्थित है ?

(क) यमुना (ख) गोमती

(ग) सरयू (घ) सतलुज

334. कांचीपुरम किस राज्य में है ?

(क) उड़ीसा (ख) तमिलनाडु

(ग) केरल (घ) आंध्र प्रदेश

335. लक्षद्वीप में कुल कितने द्वीप शामिल हैं ?

(क) 22 (ख) 35

(ग) 27 (घ) 29

336. लक्षद्वीप की राजधानी कहाँ है ?

(क) कावारत्ती (ख) सिलवासा

(ग) पोर्ट ब्लेयर (घ) आइजोल

उत्तर के लिए कृपया पृष्ठ सं. 143 देखें।

337. डेकन दर्रा कहाँ है ?
(क) अंडमान और निकोबार द्वीप-समूह के बीच
(ख) भारत और पाकिस्तान के बीच
(ग) भारत और श्रीलंका के बीच
(घ) बँगलादेश और पश्चिम बंगाल के बीच

338. महाबलीपुरम किस शहर के पास स्थित है ?
(क) पुरी (ख) चेन्नई
(ग) ग्वालियर (घ) जयपुर

339. कौन सा शहर 'गार्डन सिटी ऑफ इंडिया' कहलाता है ?
(क) बंगलौर (ख) नई दिल्ली
(ग) लखनऊ (घ) चंडीगढ़

340. भारत का पहला भाषाई राज्य कौन सा है ?
(क) उत्तर प्रदेश (ख) हिमाचल प्रदेश
(ग) आंध्र प्रदेश (घ) उड़ीसा

341. झारखंड की राजधानी कहाँ है ?
(क) धनबाद (ख) राँची
(ग) जमशेदपुर (घ) बोकारो

342. उत्तरांचल की राजधानी कहाँ है ?
(क) चमोली (ख) हरिद्वार
(ग) देहरादून (घ) ऋषिकेश

343. किस शहर को 'अरब सागर की रानी' कहा जाता है ?
(क) मुंबई (ख) कोच्चि
(ग) मंगलूर (घ) चेन्नई

344. राम जन्मभूमि-बाबरी मसजिद का विवादित ढाँचा अयोध्या में स्थित है। यह उत्तर प्रदेश के निम्नलिखित में से किस जिले में है ?
(क) इलाहाबाद (ख) सुलतानपुर
(ग) फैजाबाद (घ) बनारस

345. नवगठित उत्तरांचल राज्य में कुमाऊँ और गढ़वाल मंडल के कुल कितने जिले शामिल किए गए हैं ?
(क) बीस (ख) तेरह

उत्तर के लिए कृपया पृष्ठ सं. 143 देखें।

(ग) अठारह (घ) चौबीस

346. छत्तीसगढ़ राज्य में कुल कितने जिले हैं ?

(क) सोलह (ख) बत्तीस

(ग) दस (घ) बाईस

347. किस राज्य में प्रचुर मात्रा में खनिज संसाधन पाए जाते हैं ?

(क) छत्तीसगढ़ (ख) उत्तरांचल

(ग) झारखंड (घ) उड़ीसा

348. श्रीहरिकोटा कहाँ स्थित है ?

(क) मुंबई के पास (ख) गुजरात में

(ग) आंध्र प्रदेश में (घ) उड़ीसा में

349. यूनेस्को (UNESCO) के वर्गीकरण के अंतर्गत पहली बार किस भारतीय शहर को 'परंपरागत शहर' का सम्मान मिला है ?

(क) दिल्ली (ख) कोलकाता

(ग) मुंबई (घ) जयपुर

350. किस राज्य को प्रजनन स्वास्थ्य तथा जनसंख्या कार्यक्रम, 2000 के लिए दूसरा 'जे.आर.डी. टाटा पुरस्कार' मिला है ?

(क) कर्नाटक (ख) तमिलनाडु

(ग) राजस्थान (घ) केरल

351. संयुक्त राज्य अमेरिका के किस राज्य में रोम और एथेंस दोनों ही मिलेंगे ?

(क) अलाबामा (ख) दक्षिण कैरोलिना

(ग) जॉर्जिया (घ) टेनीसी

□

उत्तर के लिए कृपया पृष्ठ सं. 143 देखें।

जलवायु

352. विश्व के किस भाग में सबसे ज्यादा वर्षा होती है ?
(क) ढाका (बँगलादेश) (ख) तेहरान (ईरान)
(ग) चेरापूँजी (भारत) (घ) जॉर्जिया (यू.एस.ए.)

353. भारत में सबसे ज्यादा वर्षा किस क्षेत्र में होती है ?
(क) पर्वतीय क्षेत्र (ख) संवहनीय क्षेत्र
(ग) चक्रवातीय क्षेत्र (घ) प्रतिचक्रवातीय क्षेत्र

354. विश्व का सबसे ज्यादा गरम स्थान कौन सा है ?
(क) डालॉल (इथोपिया) (ख) अजीजिया (लीबिया)
(ग) जयपुर (भारत) (घ) काहिरा (मिस्त्र)

355. भारत के चेरापूँजी में औसत वार्षिक वर्षा कितनी होती है ?
(क) 810 सें.मी. (ख) 1080 सें.मी.
(ग) 1200 सें.मी. (घ) इनमें से कोई नहीं

356. चीन में सबसे ज्यादा गरमी कहाँ पर पड़ती है ?
(क) तिब्बत का पठार (ख) मंगोलियन मरुस्थल
(ग) गोबी मरुस्थल (घ) ग्रेट किन गैन माउंट

357. किस देश में गरमियों में क्रिसमस का त्योहार मनाया जाता है ?
(क) मैक्सिको (ख) इटली
(ग) ऑस्ट्रेलिया (घ) कनाडा

उत्तर के लिए कृपया पृष्ठ सं. 143 देखें।

358. विषुवतीय जलवायु की स्थिति क्या है ?
(क) 10° उत्तर अक्षांश तथा 10° दक्षिण अक्षांश के बीच
(ख) 20° उत्तर अक्षांश तथा 20° दक्षिण अक्षांश के बीच
(ग) 30° उत्तर अक्षांश तथा 30° दक्षिण अक्षांश के बीच
(घ) इनमें से कोई नहीं

359. बंगाल की खाड़ी में किस ऋतु में सबसे ज्यादा चक्रवात आते हैं ?
(क) ग्रीष्म (ख) शीत
(ग) वर्षा (घ) शरद्

360. किस देश में भूमध्य सागरीय जलवायु पाई जाती है ?
(क) कनाडा (ख) ऑस्ट्रेलिया
(ग) इटली (घ) चिली

361. किस देश में ग्रीष्म काल में सबसे लंबा दिन होता है ?
(क) ऑस्ट्रेलिया (ख) मॉस्को
(ग) कनाडा (घ) नाइजीरिया

362. कहाँ पर मानसून का प्रभाव स्पष्ट दिखाई देता है ?
(क) पश्चिम अफ्रीका (ख) पूर्व अफ्रीका
(ग) दक्षिण अफ्रीका (घ) नील बेसिन

363. किस प्राकृतिक प्रदेश की जलवायु अत्यधिक गरम या ठंडी होती है, वर्षा बहुत कम होती है तथा इस क्षेत्र के लोग खानाबदोश जिंदगी बिताते हैं और आवश्यक वस्तुएँ संचित करके रखते हैं ?
(क) एशियाई स्टेप (ख) साइबेरियन टुंड्रा
(ग) अफ्रीकी सवाना (घ) उत्तरी अमेरिका के प्रेअरी

364. विश्व के दाब क्षेत्र में परिवर्तन होने पर किस प्रकार की जलवायु में भी अंतर आ जाता है ?
(क) टुंड्रा (ख) टैगा
(ग) भूमध्य सागरीय (घ) विषुवतीय

365. बागबानी (horticulture) के लिए सर्वोत्तम जलवायु कौन सी है ?
(क) टैगा तुल्य (ख) विषुवतीय
(ग) भूमध्य सागरीय (घ) मानसूनी

उत्तर के लिए कृपया पृष्ठ सं. 143 देखें।

366. किस शहर का तापमान सर्दियों में सबसे कम होता है ?

(क) मॉस्को (ख) वरखोयांस्क

(ग) दिल्ली (घ) वाशिंगटन

367. विश्व का सबसे शुष्क स्थान कौन सा है ?

(क) गोबी मरुस्थल (ख) अटाकामा मरुस्थल (चिली)

(ग) सहारा मरुस्थल (घ) थार मरुस्थल

368. 'मानसून' शब्द उर्दू भाषा के किस शब्द से व्युत्पन्न है ?

(क) मौसम (ख) मौसिम

(ग) मोसम (घ) मासूम

369. भारत के किस क्षेत्र में गरमियों में सबसे पहले मानसून आता है ?

(क) पश्चिमी घाट (ख) हिमालय

(ग) गंगा के मैदान (घ) पूर्वी घाट

370. भारत से मानसून कब लौटना शुरू कर देता है ?

(क) मार्च के मध्य में (ख) जून के मध्य में

(ग) सितंबर के मध्य में (घ) नवंबर के उत्तरार्द्ध में

371. मानसून का निवर्तन कहाँ से शुरू होता है ?

(क) दक्षिण-पश्चिम से पूर्वी भारत

(ख) पश्चिमोत्तर भारत से बंगाल और फिर केरल

(ग) उत्तर से दक्षिण की ओर

(घ) पूर्वोत्तर भारत से पश्चिमी तट की ओर

372. भारत के किस राज्य पर मानसून के निवर्तन का प्रभाव सर्वाधिक पड़ता है ?

(क) उड़ीसा (ख) तमिलनाडु

(ग) पश्चिम बंगाल (घ) पंजाब

373. भारत में दक्षिण-पश्चिम मानसून ऋतु का समय क्या है ?

(क) अप्रैल-जुलाई (ख) जनवरी-अप्रैल

(ग) मई-अगस्त (घ) जून-सितंबर

374. पूर्वोत्तर मानसून से किस स्थान पर सर्वाधिक वर्षा होती है ?

(क) मुंबई (ख) दिल्ली

(ग) चेन्नई (घ) कोलकाता

उत्तर के लिए कृपया पृष्ठ सं. 143 व 144 देखें।

375. भारत में कौन सी जलवायु पाई जाती है?

(क) शीतोष्ण (ख) उप-उष्णकटिबंधीय

(ग) उष्णकटिबंधीय मानसूनी (घ) सवाना प्रकार की जलवायु

376. भारत के किस राज्य में दक्षिण-पश्चिम मानसून के निवर्तन का प्रभाव नहीं पड़ता है?

(क) उत्तर प्रदेश (ख) आंध्र प्रदेश

(ग) उड़ीसा (घ) तमिलनाडु

377. भारत के किस स्थान पर दिसंबर महीने में सबसे तेज धूप पड़ती है?

(क) कोलकाता (ख) पुणे

(ग) कन्याकुमारी (घ) पटना

378. वर्षा की अनिश्चितता प्राय: किस क्षेत्र में देखी जाती है?

(क) शुष्क क्षेत्र (ख) शीतोष्ण वर्षावाले क्षेत्र

(ग) आर्द्र क्षेत्र (घ) तटीय क्षेत्र

379. भारत के किस शहर में तापमान का दैनिक औसत अधिकतम होता है?

(क) कोलकाता (ख) मुंबई

(ग) दिल्ली (घ) चेन्नई

380. भारत में सबसे कम वर्षा कहाँ होती है?

(क) पूर्वी घाट (ख) पंजाब

(ग) पश्चिमी तमिलनाडु (घ) लेह

381. भारत के किस राज्य में शीतकाल में सर्वाधिक वर्षा होती है?

(क) केरल (ख) पंजाब

(ग) तमिलनाडु (घ) पश्चिम बंगाल

382. अमृतसर और शिमला समान अक्षांश पर स्थित हैं, फिर भी शिमला की जलवायु अधिक ठंडी क्यों है?

(क) शिमला ठंडी हवाओं के प्रभाव में रहता है

(ख) इसका उन्नतांश ऊँचा है

(ग) यहाँ बहुत ज्यादा वर्षा होती है

(घ) इनमें से कोई नहीं

383. विश्व के सर्वाधिक गरम स्थल डालॉल (इथोपिया) का वार्षिक औसत

उत्तर के लिए कृपया पृष्ठ सं. 144 देखें।

तापमान कितना होता है ?

(क) लगभग 45.5° से. (ख) लगभग 20° से.

(ग) लगभग 34.5° से. (घ) लगभग 25.5° से.

384. सर्दियों में पंजाब और हरियाणा में वर्षा होने का कारण क्या है ?

(क) पश्चिमी विक्षोभ

(ख) बंगाल की खाड़ी में चक्रवात

(ग) प्रशांत महासागर से उठनेवाले प्रतिचक्रवात का प्रभाव

(घ) इनमें से कोई नहीं

385. अधिकतम तापमान दिन में किस समय होता है ?

(क) दो बजे (ख) तीन बजे

(ग) एक बजे (घ) बारह बजे

386. मौसम में होनेवाले किस प्रकार के परिवर्तन से भारत में मानसून आते हैं ?

(क) तापमान की एक समानता

(ख) जल एवं थल क्षेत्र की ऊष्मा में अंतर

(ग) मध्य एशिया से आनेवाली ठंडी हवाएँ

(घ) महासागरीय ज्वार

387. किस माह के दौरान गंगा के मैदानी क्षेत्रों में मध्यम हवाएँ चलती हैं ?

(क) अप्रैल (ख) अक्तूबर

(ग) जून (घ) जनवरी

388. दिसंबर माह में भारत के किस स्थान पर सर्वाधिक सौर ऊर्जा मिलती है ?

(क) चेन्नई (ख) कोलकाता

(ग) दिल्ली (घ) लखनऊ

389. भारत के किस भाग में बंगाल की खाड़ी और अरब सागर, दोनों ओर के मानसून से वर्षा होती है ?

(क) पश्चिम बंगाल (ख) महाराष्ट्र

(ग) छोटा नागपुर का पठार (घ) पंजाब के मैदानी भाग

390. थार मरुस्थल के फैलाव को रोकने के लिए सर्वोत्तम उपाय क्या है ?

(क) नहरों से सिंचाई (ख) पशुपालन

(ग) वनीकरण (घ) मानसून की दिशा में परिवर्तन

उत्तर के लिए कृपया पृष्ठ सं. 144 देखें।

391. 'पश्चिमी विक्षोभ' का उत्तरी भारत की फसलों पर कैसा प्रभाव पड़ता है ?
(क) इन हवाओं के साथ फसलों को नष्ट करनेवाले टिड्डी दल भी आ जाते हैं
(ख) ये हवाएँ वर्षा लाती हैं, जिससे फसलों को लाभ पहुँचता है
(ग) इनके साथ बर्फ आ जाती है, जिससे फसलें चौपट हो जाती हैं
(घ) इनमें गरम धारा भी आती है, जिससे फसलों को लाभ पहुँचता है

392. किस महीने में चेन्नई की जलवायु गरम होती है ?
(क) जनवरी (ख) जुलाई
(ग) अप्रैल (घ) सितंबर

393. जलवायु या मौसम की दृष्टि से 'अवदाब' का क्या अर्थ है ?
(क) गरमी का मौसम, जिससे हताशा उत्पन्न होती है
(ख) बड़े भूभाग पर निम्न वायुमंडलीय दाब
(ग) किसी क्षेत्र का वायुमंडलीय दाब आस-पास के क्षेत्रों की तुलना में कम होता है
(घ) बादलों से घिरा आकाश

394. भारत में सूखा और बाढ़, दोनों आपदाएँ क्यों आती हैं ?
(क) कुछ क्षेत्रों में मानसून के कारण अधिक वर्षा होती है
(ख) भारत का उच्चावच (relief) अत्यधिक असमान है
(ग) देश का भौगोलिक आकार बड़ा है
(घ) मानसून में अत्यधिक भिन्नता पाई जाती है

395. राजस्थान में बहुत कम वर्षा क्यों होती है ?
(क) वन क्षेत्र बहुत कम है
(ख) इस क्षेत्र तक मानसून नहीं पहुँच पाता
(ग) इस क्षेत्र में वायु के मार्ग में ऐसी कोई पर्वतीय ओट नहीं है, जिससे हवाएँ ठंडी हो सकें
(घ) यहाँ पर पानी न होने के कारण हवाएँ शुष्क रहती हैं

396. पश्चिमी विक्षोभ से पश्चिमोत्तर भारत में वर्षा होती है। यह विक्षोभ कहाँ पर उत्पन्न होता है ?
(क) काला सागर (ख) लाल सागर
(ग) भूमध्य सागर (घ) कैस्पियन सागर ☐

उत्तर के लिए कृपया पृष्ठ सं. 144 देखें।

कृषि

397. कृषि का प्रारंभ कब से हुआ माना जाता है ?

(क) 1,000 ई.पू. (ख) 2,000 ई.पू.

(ग) 3,000 ई.पू. (घ) 7,000 ई.पू.

398. मानव के किस प्रकार के क्रिया-कलाप पर जलवायु का सर्वाधिक प्रभाव पड़ता है ?

(क) खनन (ख) मत्स्य-पालन

(ग) कृषि (घ) विनिर्माण

399. चावल की फसल के लिए सर्वोत्तम स्थिति कौन सी है ?

(क) कम वर्षा तथा उच्च तापमान

(ख) भारी वर्षा और उच्च तापमान

(ग) निम्न तापमान और कम वर्षा

(घ) ढलवाँ जमीन और उच्च तापमान

400. किस प्रकार के देशों की जीविका का साधन प्राय: खेती है ?

(क) घनी आबादीवाले विकासशील देश

(ख) घनी आबादीवाले विकसित देश

(ग) कम आबादीवाले विकसित देश

(घ) उच्च स्तरीय प्रौद्योगिकीवाले देश

उत्तर के लिए कृपया पृष्ठ सं. 144 देखें।

401. 'सिल्विकल्चर' का क्या अर्थ है ?
(क) अंगूरों की खेती (ख) बागबानी
(ग) पौध लगाना (घ) रेशम के कीट पालना

402. 'रतून' का क्या अर्थ है ?
(क) बीजन के माध्यम से पौधों का प्रवर्धन
(ख) ठूँठ का हिस्सा छोड़कर शेष फसल काट लेना, ताकि ये पुनः वृद्धि प्राप्त कर सकें
(ग) पौधों को प्राकृतिक खाद तथा कीटनाशक प्रदान करना
(घ) इनमें से कोई नहीं

403. 'प्रूनिंग' का क्या अर्थ है ?
(क) पौध वृद्धि (ख) दूसरे स्थान पर पौध लगाना
(ग) उर्वरक डालना (घ) छोटी-छोटी टहनियाँ काटना

404. चुकंदर की खेती के लिए निम्न में से क्या उपयुक्त रहता है ?
(क) शुष्क उष्णकटिबंधीय जलवायु
(ख) ठंडा मौसम
(ग) भूमध्यसागरीय जलवायु
(घ) वर्षा ऋतु

405. 'व्यापारिक खेती' का अन्य नाम क्या है ?
(क) फलों की खेती (ख) मार्केट बागबानी
(ग) रेशम उत्पादन (घ) अंगूर उत्पादन

406. 'विटीकल्चर' का क्या अर्थ है ?
(क) अंगूर की खेती (ख) फूलों की खेती
(ग) मसालों की खेती (घ) पौधों की खेती

407. मिट्टी के समाप्त हो चुके खनिज तत्त्वों को पुनः प्राप्त करने के लिए खेती करने का सर्वाधिक प्रभावी तरीका कौन सा है ?
(क) बदल-बदलकर फसल उगाना (विशेष रूप से फलीदार पौधे)
(ख) समोच्च रेखा (कंटूर) में जुताई करना
(ग) सीढ़ीदार कृषि
(घ) इनमें से कोई नहीं

उत्तर के लिए कृपया पृष्ठ सं. 144 देखें।

408. पादप भूगोल (फाइटोजियोग्राफी) किससे संबद्ध है ?
(क) पशु-जीवन (ख) चट्टानों का अपक्षय
(ग) पौधों का जीवन (घ) जलचर

409. 'सेरीकल्चर' का क्या अर्थ है ?
(क) रेशम के कीट पालना (ख) मसालों की खेती
(ग) पशुपालन (घ) फूलों की खेती

410. किस देश में 'ओस्टर खेती' की जाती है ?
(क) चीन (ख) जापान
(ग) भारत (घ) उत्तरी अमेरिका

411. चाय का निर्यात सबसे ज्यादा कौन सा देश करता है ?
(क) चीन (ख) भारत
(ग) श्रीलंका (घ) अमेरिका

412. 'एल्फाल्फा' (लसून घास) क्या है ?
(क) चारा (ख) रेशेदार फसल
(ग) अनाज की फसल (घ) पटसन की प्रजाति

413. मूँगफली का सबसे बड़ा उत्पादक देश कौन सा है ?
(क) चीन (ख) भारत
(ग) जायरे (घ) ब्राजील

414. 'जया' निम्नलिखित में से किसकी प्रजाति है ?
(क) धान (ख) गेहूँ
(ग) तंबाकू (घ) कॉफी

415. तंबाकू का सबसे बड़ा उत्पादक देश कौन सा है ?
(क) भारत (ख) चीन
(ग) ब्राजील (घ) अमेरिका

416. जौ का सबसे बड़ा उत्पादक देश कौन सा है ?
(क) भारत (ख) अमेरिका
(ग) रूस (घ) चीन

417. कपास का सबसे बड़ा उत्पादक देश कौन सा है ?
(क) मिस्र (ख) अमेरिका
(ग) सूडान (घ) चीन

उत्तर के लिए कृपया पृष्ठ सं. 144 देखें।

418. भारत किस खाद्य पदार्थ का प्रमुख उत्पादक है ?

(क) दूध (ख) मक्खन

(ग) मांस (घ) चीज़

419. विश्व में कॉफी का प्रमुख उत्पादक देश कौन सा है ?

(क) ब्राजील (ख) क्यूबा

(ग) तुर्की (घ) भारत

420. 'निकोतिआना रुस्तिका' किस फसल का प्रकार है ?

(क) कॉफी (ख) तंबाकू

(ग) रबर (घ) कोको

421. विश्व में प्राकृतिक रबर का प्रमुख आयातक देश कौन सा है ?

(क) रूस (ख) जर्मनी

(ग) अमेरिका (घ) भारत

422. किस देश को 'चीनी का कटोरा' कहा जाता है ?

(क) क्यूबा (ख) भारत

(ग) चीन (घ) अमेरिका

423. अर्जेंटीना की प्रमुख फसल कौन सी है ?

(क) चावल (ख) गेहूँ

(ग) मक्का (घ) कपास

424. कौन सा अनाज बड़ी मात्रा में अंतरराष्ट्रीय व्यापार में प्रवेश कर चुका है ?

(क) चावल (ख) मक्का

(ग) जौ (घ) गेहूँ

425. किस देश में संतरे की पैदावार बड़ी मात्रा में होती है ?

(क) अमेरिका (ख) भारत

(ग) स्पेन (घ) जापान

426. मक्का सबसे पहले कहाँ उगाया गया था ?

(क) रूस (ख) अमेरिका

(ग) ऑस्ट्रेलिया (घ) भारत

427. मक्का की खेती के लिए सर्वाधिक अनुकूल भूमि कौन सी है ?

(क) शुष्क समतल भूमि

उत्तर के लिए कृपया पृष्ठ सं. 144 व 145 देखें।

(ख) भली प्रकार से अपवाहित निम्न भूमि

(ग) पर्वतीय शिखर

(घ) ढालू भूमि

428. आलू मुख्य रूप से कहाँ उगाया जाता है ?

(क) यूरोप (ख) भारत

(ग) चीन (घ) रूस

429. कौन सा देश पटसन का अग्रणी उत्पादक है ?

(क) भारत (ख) श्रीलंका

(ग) बँगलादेश (घ) चीन

430. जूट से बनी वस्तुओं का प्रमुख उत्पादक देश कौन सा है ?

(क) बँगलादेश (ख) भारत

(ग) चीन (घ) श्रीलंका

431. 'रैडरूट' नामक बीमारी से कौन सी फसल प्रभावित होती है ?

(क) बाजरा (ख) गन्ना

(ग) गेहूँ (घ) चावल

432. किन क्षेत्रों में प्राय: विस्तृत खेती की जाती है ?

(क) जहाँ आधुनिक तरीके से खेती की जाती है

(ख) घनी आबादीवाले क्षेत्रों में

(ग) जहाँ कृषि योग्य भूमि पर्याप्त मात्रा में उपलब्ध है

(घ) इनमें से कोई नहीं

433. 'हॉर्टीकल्चर' का क्या अर्थ है ?

(क) रेशम के कीड़े पालना (ख) फूल और फल उगाना

(ग) पशुपालन (घ) बड़े पैमाने पर खेती

434. विश्व में सर्वाधिक उगाया जानेवाला अनाज कौन सा है ?

(क) बाजरा (ख) मक्का

(ग) गेहूँ (घ) चावल

435. निम्नलिखित में से रबी की फसल कौन सी है ?

(क) कपास (ख) जूट

(ग) चावल (घ) सरसों

उत्तर के लिए कृपया पृष्ठ सं. 145 देखें।

436. खरीफ़ की बोआई कब शुरू होती है ?

(क) दिसंबर में

(ख) दक्षिण-पश्चिम मानसून के प्रारंभ में

(ग) दक्षिण-पश्चिम मानसून के अंत में

(घ) अप्रैल में

437. किस उपज की दृष्टि से भारत में 'हरित क्रांति' सफल रही है ?

(क) सरसों (ख) ज्वार और बाजरा

(ग) चाय और कॉफी (घ) चावल और गेहूँ

438. भारत के किस राज्य में काली मिर्च की सर्वाधिक पैदावार होती है ?

(क) केरल (ख) उत्तर प्रदेश

(ग) कर्नाटक (घ) तमिलनाडु

439. भारत के किस राज्य में सर्वाधिक मात्रा में कॉफी पैदा की जाती है ?

(क) केरल (ख) कर्नाटक

(ग) महाराष्ट्र (घ) हिमाचल प्रदेश

440. भारत में सबसे ज्यादा कौन सा अनाज उगाया जाता है ?

(क) चावल (ख) गेहूँ

(ग) मक्का (घ) चना

441. भारत के किस राज्य में लाख (एक पदार्थ) का सर्वाधिक उत्पादन होता है ?

(क) केरल (ख) बिहार

(ग) तमिलनाडु (घ) उड़ीसा

442. भारत का कौन सा राज्य 'शक्करदान' (sugar bowl) कहलाता है ?

(क) आंध्र प्रदेश (ख) तमिलनाडु

(ग) बिहार (घ) उत्तर प्रदेश

443. भारत में रबर के बागान अधिकांशत: कहाँ हैं ?

(क) केरल तथा कर्नाटक (ख) बिहार और उड़ीसा

(ग) प. बंगाल और बिहार (घ) महाराष्ट्र और तमिलनाडु

444. पश्चिम बंगाल की महत्त्वपूर्ण नकदी फसल कौन सी है ?

(क) पटसन (जूट) (ख) चावल

(ग) कॉफी (घ) नारियल

उत्तर के लिए कृपया पृष्ठ सं. 145 देखें।

445. भारत का कौन सा राज्य 'भारत का खलिहान' कहलाता है ?

(क) राजस्थान (ख) उत्तर प्रदेश

(ग) कर्नाटक (घ) पंजाब

446. भारत के किस राज्य में तंबाकू की खेती प्रमुखता से की जाती है ?

(क) महाराष्ट्र (ख) तमिलनाडु

(ग) कर्नाटक (घ) राजस्थान

447. विश्व में सबसे ज्यादा चुकंदर पैदा करनेवाला देश कौन सा है ?

(क) क्यूबा (ख) ब्राजील

(ग) अमेरिका (घ) नॉर्वे

448. सहकारी खेती किस देश में सफलतापूर्वक की जा रही है ?

(क) डेनमार्क (ख) बेल्जियम

(ग) नॉर्वे (घ) उपर्युक्त सभी

449. जापान का चावल क्षेत्र किस द्वीप में स्थित है ?

(क) क्युशू (ख) होंशू

(ग) शिकोकु (घ) युकू

□

उत्तर के लिए कृपया पृष्ठ सं. 145 देखें।

वन, घास के मैदान और मत्स्य क्षेत्र

450. पानी में उगनेवाले पौधे क्या कहलाते हैं ?

(क) जीरोफाइट (ख) मेरोफाइट

(ग) हाइड्रोफाइट (घ) हाइग्रोफाइट

451. 'मरुद्‌भिद्' (xerophyte) क्या हैं ?

(क) अत्यधिक खारे क्षेत्रों में उगनेवाले पौधे

(ख) मरुस्थल में उगनेवाले पौधे, जो कम पानी मिलने पर भी हरे रहते हैं

(ग) अत्यधिक वर्षावाले क्षेत्रों में उगनेवाले पौधे

(घ) पानी में उगनेवाले पौधे

452. चौड़े पत्तोंवाले पेड़ प्राय: कहाँ पाए जाते हैं ?

(क) पहाड़ी इलाकों में (ख) गरम और शुष्क इलाकों में

(ग) गरम और आर्द्र इलाकों में (घ) इनमें से कोई नहीं

453. काँटेदार झाड़ियाँ कहाँ पाई जाती हैं ?

(क) टुंड्रा (ख) टैगा

(ग) मरुस्थल (घ) सवाना

454. किस कारण से शुष्क क्षेत्रों में पत्तों का आकार छोटा हो जाता है ?

(क) पशुओं से बचाव (ख) वृद्धि बनाए रखना

(ग) वाष्पोत्सर्जन की कमी (घ) उपापचय की कमी

उत्तर के लिए कृपया पृष्ठ सं. 145 देखें।

455. कैक्टस के पौधों में पाए जानेवाले काँटे किस भाग के अशोधित रूप होते हैं ?

(क) पत्ते (ख) तने

(ग) जड़ें (घ) शाखाएँ

456. पत्तों का आकार किस पर निर्भर करता है ?

(क) नमी (ख) तापमान

(ग) तापमान और नमी दोनों (घ) इनमें से कोई नहीं

457. सदाबहार वनों की मुख्य विशेषता क्या है ?

(क) यहाँ मध्यम वर्षा होती है

(ख) यहाँ पूरे वर्ष पर्याप्त वर्षा होती है

(ग) यहाँ वर्षा की जरूरत नहीं होती है

(घ) इनमें से कोई नहीं

458. 'सवाना' क्या है ?

(क) शीतोष्ण क्षेत्र की वनस्पति

(ख) जड़ी-बूटी देनेवाली वनस्पति

(ग) उष्णकटिबंधीय घास के मैदान

(घ) शीतोष्ण कटिबंधीय घास के मैदान

459. पर्णपाती वनों की क्या विशेषता है ?

(क) शीतकाल में पत्ते झड़ते हैं (ख) शुष्क मौसम में पत्ते झड़ते हैं

(ग) गरमियों में पत्ते झड़ते हैं (घ) वर्षाकाल में पत्ते झड़ते हैं

460. 'टैगा' क्या है ?

(क) मानसूनी वन

(ख) शीतोष्ण (शंकुल) वन

(ग) विषुवत रेखीय वन

(घ) उष्णकटिबंधीय शुष्क मरुस्थल

461. मानसूनी वनों की प्रमुख विशेषता क्या है ?

(क) घने और स्थूल होते हैं

(ख) शुष्क मौसम में पत्ते नहीं झड़ते

(ग) घने और स्थूल नहीं होते

(घ) इनमें से कोई नहीं

उत्तर के लिए कृपया पृष्ठ सं. 145 देखें।

462. नरम लकड़ी के पेड़ किस प्रकार के वनों में पाए जाते हैं ?
(क) शीतोष्ण वन (ख) उष्णकटिबंधीय वन
(ग) सवाना (घ) विषुवतीय वन

463. कठोर लकड़ी के पेड़ कहाँ पाए जाते हैं ?
(क) उष्णकटिबंधीय वन (ख) सवाना
(ग) टैगा वन (घ) टुंड्रा

464. शंकुल वन से प्राप्त नरम लकड़ी का उदाहरण कौन सा है ?
(क) पाइन (ख) सागौन
(ग) देवदार (घ) अखरोट

465. 'ओक' लकड़ी की दृष्टि से किस प्रकार के पेड़ का उदाहरण है ?
(क) शीतोष्ण नरम लकड़ी (ख) शीतोष्ण कठोर लकड़ी
(ग) उष्णकटिबंधीय नरम लकड़ी (घ) उष्णकटिबंधीय कठोर लकड़ी

466. विश्व के कुल वन-क्षेत्र का सर्वाधिक भाग कहाँ पाया जाता है ?
(क) अफ्रीका (ख) दक्षिण अमेरिका
(ग) यूरोप (घ) ऑस्ट्रेलिया

467. विश्व का कितना भाग वनों से आच्छादित है ?
(क) 10 प्रतिशत से भी कम (ख) 15 प्रतिशत से 20 प्रतिशत
(ग) 25 प्रतिशत से अधिक (घ) 50 प्रतिशत से अधिक

468. एशिया में घास के मैदानों को क्या कहा जाता है ?
(क) स्टेपीज (ख) प्रेअरीज
(ग) पंपास (घ) डाउन

469. उष्णकटिबंधीय घास के मैदान कहाँ पाए जाते हैं ?
(क) भारत और चीन
(ख) अमेरिका और कनाडा
(ग) विषुवतीय वर्षावाले क्षेत्र तथा उष्णकटिबंधीय मरुस्थल
(घ) उपर्युक्त सभी

470. उत्तरी अमेरिका के घास के मैदानों को क्या कहा जाता है ?
(क) पंपास (ख) प्रेअरीज
(ग) स्टेपीज (घ) सवाना

उत्तर के लिए कृपया पृष्ठ सं. 145 देखें।

471. अफ्रीका में उष्णकटिबंधीय घास के मैदानों को क्या कहा जाता है ?

(क) लाना | (ख) स्टेपीज

(ग) सवाना | (घ) डाउन

472. दक्षिणी अमेरिका के उष्णकटिबंधीय घास के मैदानों को क्या कहा जाता है ?

(क) पंपास | (ख) वेल्ड्स

(ग) लानोस | (घ) स्टेपीज

473. विषुवतीय वन आमेजन घाटी में पाए जाते हैं। इन्हें क्या कहा जाता है ?

(क) पंपास | (ख) सैल्वास

(ग) लानोस | (घ) डाउन

474. प्रेअरी घास के मैदान कहाँ पर पाए जाते हैं ?

(क) मध्य अक्षांश | (ख) उच्च अक्षांश

(ग) निम्न अक्षांश | (घ) ध्रुवीय वृत्त के पास

475. सवाना की प्राकृतिक वनस्पति में क्या शामिल है ?

(क) पेड़ | (ख) लंबी घास

(ग) चीड़ वन | (घ) छोटी घास

476. निम्नलिखित में से उष्णकटिबंधीय घास का मैदान कौन सा है ?

(क) सवाना | (ख) प्रेअरी

(ग) वेल्ड | (घ) लाना

477. उच्च-मध्यम तापमान, उच्च सापेक्ष आर्द्रता तथा भारी वर्षा किस क्षेत्र की विशेषताएँ हैं ?

(क) विषुवतीय क्षेत्र | (ख) सवाना क्षेत्र

(ग) मानसूनी क्षेत्र | (घ) भूमध्य सागरीय क्षेत्र

478. लकड़ी का गूदा प्राय: कहाँ से प्राप्त होता है ?

(क) शंकुल वन | (ख) मानसूनी वन

(ग) विषुवतीय वन | (घ) पर्णपाती वन

479. गरम एवं शुष्क गरमियाँ तथा वर्षायुक्त सर्दियाँ किस क्षेत्र की विशेषता है ?

(क) उष्णकटिबंधीय क्षेत्र | (ख) मानसूनी क्षेत्र

(ग) भूमध्य सागरीय क्षेत्र | (घ) विषुवतीय क्षेत्र

उत्तर के लिए कृपया पृष्ठ सं. 145 व 146 देखें।

480. उष्णकटिबंध के अंतर्गत कौन सा प्राकृतिक क्षेत्र नहीं आता है ?
(क) शीतोष्ण मरुस्थल (ख) मानसूनी क्षेत्र
(ग) भूमध्य सागरीय क्षेत्र (घ) उष्णकटिबंधीय घास के मैदान

481. सागौन और साल के पेड़ किस वन में पाए जाते हैं ?
(क) सदाबहार वन (ख) उष्णकटिबंधीय पर्णपाती वन
(ग) शुष्क पर्णपाती वन (घ) मानसूनी वन

482. भारत में 'वन अनुसंधान संस्थान' कहाँ पर है ?
(क) देहरादून (ख) भोपाल
(ग) दिल्ली (घ) लखनऊ

483. किस क्षेत्र में प्राकृतिक रूप से शंकुल वन पाए जाते हैं ?
(क) ध्रुवीय (ख) उष्णकटिबंधीय
(ग) उप-उत्तर ध्रुवीय (घ) शीतशीतोष्ण

484. भारत में उष्ण कटिबंधीय सदाबहार वन कहाँ पाए जाते हैं ?
(क) पूर्वी घाट (ख) पश्चिमी घाट
(ग) पश्चिमी हिमालय (घ) मध्य प्रदेश

485. चंदन की लकड़ी आम तौर पर कहाँ पाई जाती है ?
(क) उष्णकटिबंधीय सदाबहार वन में
(ख) उष्णकटिबंधीय पर्णपाती वन में
(ग) अल्पाइन वन में
(घ) शंकुल वन में

486. भारत के किस भाग में काँटेदार वन पाए जाते हैं ?
(क) असम और मेघालय (ख) बिहार और उत्तर प्रदेश
(ग) मध्य प्रदेश और उत्तर प्रदेश (घ) राजस्थान और गुजरात

487. विश्व में सबसे ज्यादा मछली उत्पादन किस देश में होता है ?
(क) जापान (ख) नॉर्वे
(ग) अमेरिका (घ) चिली

488. किन देशों में सबसे ज्यादा मटन तैयार किया जाता है ?
(क) अमेरिका और ऑस्ट्रेलिया (ख) अर्जेंटीना और न्यूजीलैंड
(ग) न्यूजीलैंड और ऑस्ट्रेलिया (घ) इनमें से कोई नहीं

उत्तर के लिए कृपया पृष्ठ सं. 146 देखें।

489. किस देश में धान के खेतों में मछली-पालन किया जाता है?
(क) चीन (ख) अफ्रीका
(ग) ब्राजील (घ) अमेरिका

490. 'नीली क्रांति' का संबंध किससे है?
(क) दूध (ख) मछली
(ग) फूल (घ) बैंगन

491. कौन सी मछली समुद्र की ऊपरी सतह पर रहती है?
(क) समुद्री मछली (ख) पैलेजिक मछली
(ग) उद्गामी मछली (घ) तटीय मछली

492. समुद्र की निचली सतह पर पाई जानेवाली मछली कौन सी है?
(क) तलमज्जी मछली (ख) पैलेजिक मछली
(ग) उद्गामी मछली (घ) इनमें से कोई नहीं

493. किस देश में प्रमुख रूप से मछली का आयात होता है?
(क) ब्रिटेन (ख) भारत
(ग) फ्रांस (घ) जर्मनी

494. 'पिसीकल्चर' का क्या अर्थ है?
(क) कीटपालन (ख) रेशम-कीटपालन
(ग) मत्स्यपालन (घ) पशुपालन

495. वाणिज्यिक मत्स्यपालन का सर्वाधिक महत्त्वपूर्ण क्षेत्र कौन सा है?
(क) शीतोष्ण समुद्र (ख) शीतोष्ण झील
(ग) शीतोष्ण नदी (घ) शीतशीतोष्ण समुद्र

496. विश्व में सर्वाधिक विस्तृत मत्स्यपालन क्षेत्र कौन सा है?
(क) उत्तर समुद्र (ख) भूमध्य सागर
(ग) बंगाल की खाड़ी (घ) लाल सागर

497. कौन सी मछली समुद्र में रहती है, लेकिन स्वच्छ जल में अंडा देने के लिए नदी में तैरती है?
(क) पैलेजिक (ख) उद्गामी
(ग) उभयचर (घ) समुद्री मछली

उत्तर के लिए कृपया पृष्ठ सं. 146 देखें।

498. मछलियों की वृद्धि के लिए कौन सी स्थिति अनुकूल है ?

(क) शीतोष्ण महाद्वीपीय शैल्फ (ख) गरम खुला समुद्र

(ग) गहरे समुद्र (घ) शीतोष्ण समुद्र

499. समुद्र की विषम तलीवाले क्षेत्रों में मत्स्यपालन की तकनीक कौन सी है ?

(क) आस्तरण (lining) (ख) अपवाही जाल

(ग) छन्नी जाल (घ) ट्रॉल जाल

500. पैलेजिक मत्स्यपालन की क्या तकनीक है ?

(क) छन्नी जाल (ख) अपवाही जाल

(ग) ट्रैप (घ) ट्रॉल जाल

□

उत्तर के लिए कृपया पृष्ठ सं. 146 देखें।

वन्य जीवन

501. भारत के किस राज्य का सबसे ज्यादा क्षेत्र वनों से आच्छादित है ?
(क) हिमाचल प्रदेश (ख) उत्तर प्रदेश
(ग) मध्य प्रदेश (घ) असम

502. भारत के किस राज्य का 90 प्रतिशत क्षेत्र वनों के अंतर्गत आता है ?
(क) झारखंड (ख) मध्य प्रदेश
(ग) केरल (घ) अरुणाचल प्रदेश

503. भारत के किस राज्य का सबसे कम क्षेत्र वनों से आच्छादित है ?
(क) उत्तर प्रदेश (ख) गुजरात
(ग) हरियाणा (घ) आंध्र प्रदेश

504. 'आरक्षित वन' का क्या अर्थ है ?
(क) शिकार के लिए आरक्षित वन
(ख) शिकार, चरागाह और वाणिज्यिक दोहन के लिए निषिद्ध वन
(ग) जनजातीय लोगों के लिए आरक्षित वन
(घ) चरागाह के लिए आरक्षित वन

505. भारत के भौगोलिक क्षेत्र का कितना भाग वनों से आच्छादित है ?
(क) 1/3 (ख) 1/4
(ग) 1/5 (घ) 2/3

उत्तर के लिए कृपया पृष्ठ सं. 146 देखें।

506. भारत का सर्वाधिक महत्त्वपूर्ण वाणिज्यिक वन कौन सा है ?
(क) शंकुवृक्षी (ख) उष्णकटिबंधीय सदाबहार
(ग) उष्णकटिबंधीय पर्णपाती (घ) इनमें से कोई नहीं

507. सुंदर वन का प्रमुख क्षेत्र कौन सा है ?
(क) महानदी डेल्टा (ख) गंगा-ब्रह्मपुत्र डेल्टा
(ग) गंगा-गोदावरी डेल्टा (घ) इनमें से कोई नहीं

508. भारतीय प्रायद्वीप में किस प्रकार के वन पाए जाते हैं ?
(क) शंकुवृक्षी (ख) पर्णपाती
(ग) मरुद्भिद (घ) सदाबहार

509. भारत का कितना वन क्षेत्र अधिसूचित है ?
(क) लगभग 500 लाख हेक्टेयर (ख) लगभग 750 लाख हेक्टेयर
(ग) लगभग 850 लाख हेक्टेयर (घ) लगभग 1000 लाख हेक्टेयर

510. भारत के किस राज्य में उष्णकटिबंधीय मरुस्थल पाए जाते हैं ?
(क) असम (ख) मध्य प्रदेश
(ग) गुजरात (घ) उड़ीसा

511. नीलगिरि की पहाड़ियों में किस प्रजाति की प्राकृतिक वनस्पति पाई जाती है ?
(क) उष्णकटिबंधीय वनस्पति (ख) सदाबहार वनस्पति
(ग) शुष्क सदाबहार वनस्पति (घ) इनमें से कोई नहीं

512. भारत का सबसे बड़ा चिड़ियाघर किस शहर में है ?
(क) दिल्ली (ख) कोलकाता
(ग) चेन्नई (घ) लखनऊ

513. भारत के किस राज्य में 'घाना पक्षी अभयारण्य' स्थित है ?
(क) उत्तर प्रदेश (ख) राजस्थान
(ग) असम (घ) कर्नाटक

514. गिर के वन भारत के किस राज्य में स्थित हैं ?
(क) असम (ख) पश्चिम बंगाल
(ग) गुजरात (घ) महाराष्ट्र

515. रणथंभौर किस वन्य जीव के लिए प्रसिद्ध है ?

उत्तर के लिए कृपया पृष्ठ सं. 146 देखें।

(क) हाथी (ख) चीता
(ग) गैंडा (घ) सफेद शेर

516. इनमें से कौन सा वन्य प्राणी अभयारण्य असम में है ?
(क) सुंदर वन (ख) मानस
(ग) बाँदीपुर (घ) पेरियार

517. 'निलार' चिड़िया (ग्रेट इंडियन बस्टर्ड) भारत के किस राज्य में पाई जाती है ?
(क) राजस्थान (ख) बंगाल
(ग) गुजरात (घ) केरल

518. किस वन्य जीव के संरक्षण के लिए 'काजीरंगा अभयारण्य' स्थापित किया गया ?
(क) गैंडा (ख) हाथी
(ग) पक्षी (घ) बाघ

519. 'जल्दपाड़ा अभयारण्य' भारत के किस राज्य में है ?
(क) तमिलनाडु (ख) असम
(ग) पश्चिम बंगाल (घ) मध्य प्रदेश

520. बाघों के संरक्षण और रख-रखाव के लिए 'बाघ परियोजना' कब शुरू की गई ?
(क) सन् 1961 (ख) सन् 1973
(ग) सन् 1979 (घ) सन् 1986

521. सफेद बाघों के लिए मध्य प्रदेश का कौन सा क्षेत्र प्रसिद्ध है ?
(क) मालवा पठार (ख) बुंदेलखंड
(ग) बघेलखंड (घ) महादेव की पहाड़ियाँ

522. 'काजीरंगा' राष्ट्रीय अभयारण्य एक सींगवाले गैंडा के लिए प्रसिद्ध है। यह कहाँ पर स्थित है ?
(क) पश्चिम बंगाल (ख) असम
(ग) उत्तर प्रदेश (घ) महाराष्ट्र

523. 'चंद्रप्रभा अभयारण्य' भारत के किस राज्य में स्थित है ?
(क) बिहार (ख) उत्तर प्रदेश
(ग) उड़ीसा (घ) केरल

उत्तर के लिए कृपया पृष्ठ सं. 146 देखें।

524. 'फ्लेमिंगो अभयारण्य' कहाँ पर है?

(क) मालवा पठार (ख) कच्छ के रन

(ग) हिमालय (घ) इनमें से कोई नहीं

525. चंदन के वृक्ष भारत के किस राज्य में पाए जाते हैं?

(क) पश्चिम बंगाल (ख) असम

(ग) कर्नाटक (घ) महाराष्ट्र

526. निम्नलिखित में से कौन सा समूह सही सुमेलित है?

(क) कान्हा—पक्षी (ख) मानस—पक्षी

(ग) रणथंभौर—हिरण (घ) इनमें से कोई नहीं

527. 'पेरियार वन्य प्राणी अभयारण्य' कहाँ पर स्थित है?

(क) कर्नाटक (ख) केरल

(ग) तमिलनाडु (घ) असम

528. अच्छी कोटि की ऊनवाली भेड़ें कहाँ पर पाली जाती हैं?

(क) आंध्र प्रदेश (ख) जम्मू और कश्मीर

(ग) पंजाब (घ) असम

529. हाल ही में एशिया का सबसे पहला बागबानी तथा वन्य विश्वविद्यालय कहाँ पर खोला गया है?

(क) नैनीताल (ख) लखनऊ

(ग) सोलन (घ) दार्जिलिंग

530. राजस्थान की किस नस्ल की भेड़ से बढ़िया ऊन मिलता है?

(क) नल्ली (ख) माग्रा

(ग) चोकला (घ) इनमें से कोई नहीं

531. भारत के किस राज्य में सर्वाधिक सूअर पाए जाते हैं?

(क) पंजाब (ख) तमिलनाडु

(ग) उत्तर प्रदेश (घ) बिहार

532. किस रोग के कारण पशुओं में बाँझपन आ जाता है?

(क) जोंस रोग (ख) बैंग्स रोग

(ग) मेस्टिटिस (घ) रानीखेत रोग

533. विश्व का सबसे बड़ा पक्षी कौन सा है?

उत्तर के लिए कृपया पृष्ठ सं. 146 देखें।

(क) एल्बेट्रॉस　　　　(ख) ईगल
(ग) शुतुरमुर्ग　　　　(घ) कसोवरी

534. कौन सा स्तनपायी पशु अंडे देता है ?
(क) ऊदबिलाव　　　　(ख) डकबिल
(ग) कंगारू　　　　(घ) लीमूर

535. दक्षिणी अमेरिका में पाया जानेवाला कौन सा पक्षी उड़ता नहीं है ?
(क) इमू (ऑस्ट्रेलियाई शुतुरमुर्ग जैसा पक्षी)
(ख) रीआ
(ग) किवी
(घ) पेंग्विन

536. किस देश को 'सफेद हाथियों का देश' कहा जाता है ?
(क) स्कॉटलैंड　　　　(ख) हॉलैंड
(ग) थाईलैंड　　　　(घ) पोलैंड

537. तिब्बत के पहाड़ी क्षेत्रों (ऊँचाईवाले) में मुख्य रूप से कौन सा पशु पाया जाता है ?
(क) हिरण　　　　(ख) शेर
(ग) याक　　　　(घ) हाथी

538. कंगारू किस देश का राष्ट्रीय पशु है ?
(क) भारत　　　　(ख) ऑस्ट्रेलिया
(ग) न्यूजीलैंड　　　　(घ) नॉर्वे

539. मिट्टी में पाए जानेवाले जीव-जंतु क्या कहलाते हैं ?
(क) कीड़े　　　　(ख) भूम्याश्रयी
(ग) सर्वभक्षी　　　　(घ) कीट

□

उत्तर के लिए कृपया पृष्ठ सं. 146 व 147 देखें।

उद्योग

540. निम्नलिखित में से कौन सा उद्योग लघु उद्योग के अंतर्गत आता है?
(क) उर्वरक उद्योग (ख) माचिस उद्योग
(ग) पटसन उद्योग (घ) लोहा और इस्पात उद्योग

541. किस वन क्षेत्र से पूरे विश्व में अखबारी कागज की माँग पूरी होती है?
(क) भूमध्य सागरीय वन (ख) शंकुल वन
(ग) सदाबहार वन (घ) पर्णपाती वन

542. विश्व में रबर का उत्पादन सबसे ज्यादा कहाँ होता है?
(क) मलेशिया (ख) श्रीलंका
(ग) ब्राजील (घ) भारत

543. किन देशों में कृत्रिम रबर सबसे ज्यादा बनाई जाती है?
(क) ब्रिटेन और फ्रांस (ख) अमेरिका और रूस
(ग) जापान और जर्मनी (घ) फ्रांस और जर्मनी

544. अमेरिका का फिलाडेल्फिया शहर किस उद्योग के लिए विख्यात है?
(क) लोकोमोटिव उद्योग (ख) जहाज निर्माण उद्योग
(ग) औषधि निर्माण (घ) लोहा और इस्पात उद्योग

545. किस देश में सबसे ज्यादा विमान बनाए जाते हैं?
(क) जापान (ख) अमेरिका
(ग) इंग्लैंड (घ) जर्मनी

उत्तर के लिए कृपया पृष्ठ सं. 147 देखें।

546. चीनी उद्योग का एक उप-उत्पाद 'खोई' है। इसका प्रयोग किसके उत्पादन में किया जाता है?

(क) काँच (ख) अल्कोहल

(ग) कागज (घ) टॉफियाँ, मिठाइयाँ आदि

547. कागज-निर्माण में सबसे बड़ी मात्रा में जिस कच्चे माल का इस्तेमाल किया जाता है, वह किससे प्राप्त होता है?

(क) फटे-पुराने सूती कपड़े (ख) सलाई लकड़ी

(ग) बाँस (घ) यूकेलिप्टस

548. चीनी मिट्टी के बरतन बनाने में किसका इस्तेमाल किया जाता है?

(क) जिप्सम (ख) पोटाश

(ग) काओलिन (घ) सिलिका

549. किस आधारभूत औद्योगिक रसायन का सबसे ज्यादा इस्तेमाल होता है?

(क) गंधक का तेजाब (ख) तरल क्लोराइड

(ग) कास्टिक सोडा (घ) सोडा ऐश

550. हीरा तराशने के उद्योग के लिए कौन सा देश विख्यात है?

(क) बेल्जियम (ख) नीदरलैंड

(ग) नॉर्वे (घ) श्रीलंका

551. हॉलीवुड (यू.एस.ए.) किस उद्योग के लिए विख्यात है?

(क) फिल्म उद्योग (ख) चमड़ा उद्योग

(ग) ऑटोमोबाइल उद्योग (घ) हीरा तराशने का उद्योग

552. मोटर वाहनों के निर्माण में कौन से देश अग्रणी हैं?

(क) अमेरिका और जर्मनी

(ख) रूस और जापान

(ग) ब्रिटेन और फ्रांस

(घ) भारत और रूस

553. उर्वरक के उत्पादन में कौन सा देश अग्रणी है?

(क) रूस (ख) अमेरिका

(ग) जापान (घ) ब्रिटेन

उत्तर के लिए कृपया पृष्ठ सं. 147 देखें।

554. खाद्य उद्योग प्राय: किस क्षेत्र की ओर अभिमुख होते हैं ?

(क) बाजार (ख) श्रम

(ग) कच्चा माल (घ) पूँजी

555. किसी देश के औद्योगिक विकास के लिए किसका विकास अति आवश्यक है ?

(क) कृषि (ख) उपभोग

(ग) उत्पादन (घ) परिवहन

556. 'पर्लकल्चर' किस देश का कुटीर उद्योग है ?

(क) जापान (ख) बेल्जियम

(ग) भारत (घ) न्यूजीलैंड

557. लकड़ी के गूदे (वुड पल्प) का उत्पादन प्रमुख रूप से किस देश में होता है ?

(क) कनाडा (ख) जापान

(ग) ब्रिटेन (घ) अमेरिका

558. रेशमी वस्त्रों का उत्पादन प्रमुखत: कहाँ होता है ?

(क) जापान और अमेरिका (ख) फ्रांस और जर्मनी

(ग) श्रीलंका और भारत (घ) जापान और चीन

559. रेशम उद्योग के लिए दुनिया का कौन सा शहर प्रसिद्ध है ?

(क) लिओस (ख) पर्थ

(ग) लॉस एंजिल्स (घ) पेरिस

560. अफगानिस्तान का प्रमुख उद्योग कौन सा है ?

(क) चीनी (ख) सूती वस्त्र

(ग) गलीचा निर्माण (घ) पेट्रोलियम रिफाइनरी

561. औद्योगिक दृष्टि से एशिया का सबसे विकसित देश कौन सा है ?

(क) भारत (ख) जापान

(ग) चीन (घ) श्रीलंका

562. किस उद्योग में खुली भट्ठी का इस्तेमाल किया जाता है ?

(क) माचिस उद्योग (ख) इस्पात (स्टील) उद्योग

(ग) चीनी उद्योग (घ) प्लास्टिक उद्योग

उत्तर के लिए कृपया पृष्ठ सं. 147 देखें।

563. किस उद्योग में कच्चे माल के रूप में लकड़ी के गूदे (वुड पल्प) का प्रयोग किया जाता है ?

(क) टेरीलिन (ख) रेयन

(ग) बैंजीन (घ) नायलॉन

564. ऊनी कपड़ों का सबसे बड़ा आयातक देश कौन सा है ?

(क) रूस (ख) श्रीलंका

(ग) भारत (घ) ब्रिटेन

565. निम्नलिखित में से कौन सा क्षेत्र 'भारत का रूर' कहलाता है ?

(क) हावड़ा-आसनसोल (ख) दिल्ली-आगरा

(ग) दामोदर घाटी (घ) मुंबई-पुणे

566. जहाज-निर्माण में कौन सा देश सर्वाधिक उन्नति कर चुका है ?

(क) कनाडा (ख) जापान

(ग) नॉर्वे (घ) मिस्त्र

567. अभ्रक का प्रयोग आम तौर पर किसमें किया जाता है ?

(क) विद्युत् उद्योग (ख) वस्त्र उद्योग

(ग) प्लास्टिक उद्योग (घ) इस्पात उद्योग

568. कौन सा यूरोपीय देश परफ्यूम, प्रसाधन सामग्री और फैशन उत्पादों का प्रमुख उत्पादक है ?

(क) इंग्लैंड (ख) ऑस्ट्रिया

(ग) फ्रांस (घ) पोलैंड

569. भारत का सबसे बड़ा तेलशोधक कारखाना (रिफाइनरी) कहाँ पर स्थापित किया गया है ?

(क) विशाखापट्टनम (ख) मथुरा

(ग) कोयली (घ) बरौनी

570. 'ओबरा' किसके लिए मशहूर है ?

(क) तेल शोधन (ख) उर्वरक संयंत्र

(ग) ताप बिजलीघर (घ) नेशनल पार्क

571. टीटागढ़ (प. बंगाल) किसलिए प्रसिद्ध है ?

(क) सूत्री वस्त्र उद्योग (ख) लोहा और इस्पात उद्योग

(ग) चाय बागान (घ) कागज उद्योग

उत्तर के लिए कृपया पृष्ठ सं. 147 देखें।

572. भारत के किस उद्योग पर देश के विभाजन का सर्वाधिक प्रभाव पड़ा?

(क) कपास और चीनी (ख) पटसन और कपास

(ग) कागज और दवा (घ) इनमें से कोई नहीं

573. इनमें से कौन सा स्थान माचिस की डिबिया, पटाखे और प्रिंटिंग (छपाई) के लिए प्रसिद्ध है?

(क) शिवकाशी (ख) तूतीकोरिन

(ग) नेवाली (घ) मदुरै

574. भारत का पहला उर्वरक संयंत्र कहाँ स्थापित किया गया है?

(क) ट्रॉम्बे (महाराष्ट्र) (ख) नांगल (पंजाब)

(ग) सिंदरी (झारखंड) (घ) अलवयै (केरल)

575. भारत में रेलगाड़ी के यात्री डिब्बे कहाँ पर बनाए जाते हैं?

(क) वाराणसी (ख) कानपुर

(ग) चित्तरंजन (घ) पेरांबूर

576. भारत के किस शहर में भैंस के चमड़े से जूते और तल्ले बनाए जाते हैं?

(क) फिरोजाबाद (ख) जयपुर

(ग) कानपुर (घ) चेन्नई

577. 'डीजल लोकोमोटिव वर्क्स' (जहाँ डीजल लोकोमोटिव इंजन बनाए जाते हैं) कहाँ पर स्थित है?

(क) लखनऊ (ख) इलाहाबाद

(ग) वाराणसी (घ) पेरांबूर

578. छोटा नागपुर के पठार में कौन सा औद्योगिक शहर स्थित है?

(क) दियापुर (ख) आसनसोल

(ग) राँची (घ) राउरकेला

579. किन वस्तुओं के निर्यात से भारत सर्वाधिक विदेशी मुद्रा अर्जित करता है?

(क) बिजली का सामान (ख) पेट्रोलियम उत्पाद

(ग) इंजीनियरी का सामान (घ) हस्तशिल्प

580. झारखंड में कौन सा उद्योग स्थापित किया गया है?

(क) उर्वरक (ख) कागज

(ग) लोहा और इस्पात (घ) विस्फोटक पदार्थ

उत्तर के लिए कृपया पृष्ठ सं. 147 देखें।

581. युद्धपोत और फ्रीगेट कहाँ पर बनाए जाते हैं ?
(क) मुंबई शिपयार्ड (ख) मझगाँव शिपयार्ड
(ग) कोचीन शिपयार्ड (घ) विशाखापट्टनम शिपयार्ड

582. भारत में हीरा तराशने के उद्योग का प्रमुख केंद्र कौन सा है ?
(क) पन्ना (ख) कोलार
(ग) जयपुर (घ) आगरा

583. भारतीय टेलीफोन उद्योग कहाँ पर स्थित है ?
(क) बंगलौर (ख) मुंबई
(ग) कोलकाता (घ) दिल्ली

584. भारत में टेलीफोन केबल कहाँ पर बनाए जाते हैं ?
(क) लखनऊ (उत्तर प्रदेश) (ख) भोपाल (मध्य प्रदेश)
(ग) रूपनारायणपुर (प. बंगाल) (घ) पिंपरी (पुणे)

585. मध्य प्रदेश का कटनी शहर किसलिए विख्यात है ?
(क) हस्तशिल्प (ख) बॉक्साइट खान
(ग) औषधि निर्माण (घ) सीमेंट उद्योग

586. उर्वरक निर्माण और मोनाजाइट की 'फैक्ट' (FACT) इकाई कहाँ पर स्थित है ?
(क) भोपाल (ख) अलवयै
(ग) कानपुर (घ) जमशेदपुर

587. भारत के किस राज्य का उद्योग तथा पूँजी-निवेश में सबसे बड़ा हिस्सा है ?
(क) तमिलनाडु (ख) पश्चिम बंगाल
(ग) महाराष्ट्र (घ) दिल्ली

588. नेपा नगर क्यों प्रसिद्ध है ?
(क) अखबारी कागज (ख) रसायन
(ग) उर्वरक (घ) बिजली का सामान

589. ऊनी कपड़े की मिलें सबसे अधिक कहाँ स्थापित की गई हैं ?
(क) शिमला (ख) धारीवाल
(ग) बंगलौर (घ) कोलकाता

उत्तर के लिए कृपया पृष्ठ सं. 147 देखें।

590. 'विजयंत' टैंक के निर्माण के लिए प्रसिद्ध 'अवाड़ी' स्थान किस राज्य में स्थित है ?

(क) उड़ीसा (ख) हिमाचल प्रदेश

(ग) तमिलनाडु (घ) कर्नाटक

591. 'राष्ट्रीय जैव-उर्वरक उत्पादन केंद्र' कहाँ पर स्थित है ?

(क) गाजियाबाद (ख) हैदराबाद

(ग) कोचीन (घ) मुंबई

592. हिंदुस्तान फोटो फिल्म कंपनी का उत्पादन स्थल कहाँ पर है ?

(क) हैदराबाद (ख) नोएडा

(ग) ऊटी (घ) बंगलौर

593. बाटानगर किस राज्य में है ?

(क) पश्चिम बंगाल (ख) तमिलनाडु

(ग) कर्नाटक (घ) उत्तर प्रदेश

594. अंबेसडर कारें कहाँ पर बनाई जाती हैं ?

(क) प्रीमियर ऑटोमोबाइल (मुंबई)

(ख) हिंदुस्तान मोटर्स (कोलकाता)

(ग) स्टैंडर्ड मोटर्स (चेन्नई)

(घ) महिंद्रा एंड महिंद्रा (पुणे)

595. कौन सा शहर काँच की चूड़ियों के उद्योग के लिए विख्यात है ?

(क) लखनऊ (ख) फिरोजाबाद

(ग) आगरा (घ) पटना

596. छोटा नागपुर के पठार को औद्योगिक क्षेत्र क्यों माना जाता है ?

(क) बिजली की उपलब्धता (ख) खनिज भंडार

(ग) विकसित यातायात सुविधा (घ) इनमें से कोई नहीं

597. पैराफिन किसका उप-उत्पाद माना जाता है ?

(क) स्टील उद्योग (ख) ताँबा उद्योग

(ग) पेट्रोलियम उद्योग (घ) चीनी उद्योग

598. भू-ताप ऊर्जा किस स्थान का महत्त्वपूर्ण ऊर्जा स्रोत माना जाता है ?

(क) नर्मदा घाटी (ख) छोटा नागपुर का पठार

(ग) अरावली की पहाड़ियाँ (घ) लद्दाख

उत्तर के लिए कृपया पृष्ठ सं. 147 देखें।

599. 'हिंदुस्तान प्रतिजैविकी (एंटीबायोटिक) संयंत्र' कहाँ पर है ?

(क) दिल्ली (ख) बंगलौर

(ग) ऋषिकेश (घ) मुंबई

600. 'मिग' इंजन कहाँ पर तैयार किए जाते हैं ?

(क) नासिक (ख) बंगलौर

(ग) कोरापुट (घ) हैदराबाद

601. पेनिसिलिन दवा भारत में कहाँ पर तैयार की जाती है ?

(क) पिंपरी (ख) जयपुर

(ग) पुणे (घ) दिल्ली

602. विमान निर्माण में संलग्न भारत की कौन सी कंपनी बंगलौर में स्थित है ?

(क) भारत एयरक्राफ्ट लि. (ख) पवन हंस लि.

(ग) हिंदुस्तान एयरोनॉटिक्स लि. (घ) हिंदुस्तान एयरक्राफ्ट लि.

603. कांचीपुरम किसलिए प्रसिद्ध है ?

(क) रेशम उत्पाद (ख) हस्तशिल्प

(ग) ताँबे का भंडार (घ) चमड़े की वस्तुएँ

604. भारत में आयात की जानेवाली सबसे महँगी वस्तु कौन सी है ?

(क) इंजीनियरिंग का सामान (ख) दवा

(ग) चमड़े का सामान (घ) पेट्रोलियम उत्पाद

605. विश्व का सबसे बड़ा इस्पात विनिर्माण केंद्र कौन सा है ?

(क) डेट्रॉयट (ख) शिकागो

(ग) बफैलो (घ) लेनिनग्राद

606. किस देश में 'रूर कॉम्पलेक्स' नामक प्रमुख औद्योगिक केंद्र है ?

(क) अमेरिका (ख) जर्मनी

(ग) फ्रांस (घ) रूस

607. 'नागोया' किस देश का महत्त्वपूर्ण जहाज-निर्माण केंद्र है ?

(क) नॉर्वे (ख) अमेरिका

(ग) जापान (घ) रूस

□

उत्तर के लिए कृपया पृष्ठ सं. 147 व 148 देखें।

12

व्यापार और यातायात

608. सात देशों को जोड़नेवाली मध्य यूरोप की सबसे महत्त्वपूर्ण नौगम्य नदी कौन सी है ?

(क) राइन (ख) डेन्यूब

(ग) वोल्गा (घ) निपर

609. ब्लादिवोस्टक से लेनिनग्राद तक ट्रांससाइबेरियन रेलमार्ग की लंबाई कितनी है ?

(क) 7,600 कि.मी. (ख) 8,800 कि.मी.

(ग) 5,500 कि.मी. (घ) 9,500 कि.मी.

610. कनाडियन पेसिफिक रेलवे किन स्थानों को जोड़ती है ?

(क) हेलीफैक्स और वैंकूवर (ख) डाउसन और फोर्ट प्रोविडेंस

(ग) कोलंबिया और विनीपेग (घ) इनमें से कोई नहीं

611. ऑस्ट्रेलियन रेलवे किन दो स्थानों के मध्य चलती है ?

(क) सिडनी मेलबोर्न (ख) सिडनी-पर्थ

(ग) मेलबोर्न-एडिलेड (घ) पर्थ-मेलबोर्न

612. व्यस्ततम महासागरीय व्यापारिक मार्ग कौन सा है ?

(क) राइन नहर (ख) स्वेज नहर

(ग) केप मार्ग (घ) पनामा नहर

उत्तर के लिए कृपया पृष्ठ सं. 148 देखें।

613. जिस पत्तन (पोर्ट) पर सबसे ज्यादा नौभार प्राप्त किया जाता है, उसे क्या कहा जाता है ?

(क) एंट्रीपोर्ट (ख) आउट पोर्ट

(ग) इंपोर्ट (घ) पैकेट स्टेशन (फेरी पोर्ट)

614. विश्व का सबसे बड़ा आंत्रपोर्ट कौन सा है ?

(क) मकाओ (ख) सिंगापुर

(ग) हांगकांग (घ) मुंबई

615. किस क्षेत्र में जहाजों का सबसे ज्यादा आवागमन होता है ?

(क) प्रशांत महासागर (ख) हिंद महासागर

(ग) अटलांटिक महासागर (घ) इनमें से कोई नहीं

616. प्रशांत महासागर की तुलना में अटलांटिक महासागर के मार्ग अधिक व्यस्त क्यों रहते हैं ?

(क) यह महासागर संकीर्ण है

(ख) यह औद्योगिक देशों से घिरा है

(ग) इसमें नौपरिवहन की अधिक सुविधाएँ हैं

(घ) यहाँ के मार्ग जोखिम भरे नहीं हैं

617. 'पोत-अधिरोध' (embargo) का क्या अर्थ है ?

(क) निर्यात पर प्रतिबंध (ख) आयात पर प्रतिबंध

(ग) उत्तम व्यवस्था लागू करना (घ) व्यापार पर रोक संबंधी आदेश

618. 'पश्चभूमि' (hinterland) किसे कहते हैं ?

(क) पत्तन से निकला भू-क्षेत्र

(ख) अंतरराष्ट्रीय व्यापार के लिए प्राकृतिक बंदरगाह

(ग) अंतरराष्ट्रीय हवाई अड्डा

(घ) अपसर्जित बंदरगाह

619. जर्मनी में अंतरराष्ट्रीय व्यापार की उन्नति का क्या कारण है ?

(क) प्रचुर मात्रा में खनिज भंडार

(ख) विशाल जनसंख्या

(ग) इसकी थल सीमाएँ नौ देशों से जुड़ी हैं

(घ) तीव्र औद्योगीकरण

उत्तर के लिए कृपया पृष्ठ सं. 148 देखें।

620. संयुक्त राज्य अमेरिका की घनिष्ठ व्यापारिक साझेदारी किस देश के साथ है ?

(क) चीन (ख) नेपाल

(ग) कनाडा (घ) जर्मनी

621. किस वर्ष 'ओपेक' (पेट्रोलियम निर्यातक देशों का संगठन) का गठन किया गया ?

(क) सन् 1940 (ख) सन् 1950

(ग) सन् 1960 (घ) सन् 1980

622. प्रमुख पत्तनों की सूची में शामिल किया जानेवाला भारत का नवीनतम पत्तन कौन सा है ?

(क) तूतीकोरिन (ख) कोचीन

(ग) न्हावा शावा (घ) मार्मागोआ

623. संसार की सबसे लंबी रेलवे सुरंग कहाँ है ?

(क) सेंट गोथार (स्विट्जरलैंड) (ख) कास्केड (सं.रा.अ.)

(ग) ईस्ट फिंचले (लंदन) (घ) कोंकण क्षेत्र (भारत)

624. आजकल बँगलादेश विश्व बाजार में प्रवेश कर चुका है, किस उत्पाद की दृष्टि से यह भारत का प्रमुख प्रतियोगी देश बन गया है ?

(क) मसाले (ख) पटसन

(ग) सीमेंट (घ) कपास

625. कौन सा उत्पाद ब्राजील की अर्थव्यवस्था का प्रमुख आधार है ?

(क) चाय (ख) चावल

(ग) गेहूँ (घ) कॉफी

626. विश्व का व्यस्ततम अंतरराष्ट्रीय हवाई अड्डा कौन सा है ?

(क) पेरिस (ख) कोलकाता

(ग) लंदन (घ) फ्रैंकफर्ट

627. 'ह्वाइट गुड्स' का क्या अर्थ है ?

(क) पश्चिमी देशों से आयातित वस्तुएँ

(ख) टिकाऊ उपभोग्य सामान

(ग) पेट्रोलियम उत्पाद

(घ) प्रसाधन की वस्तुएँ

उत्तर के लिए कृपया पृष्ठ सं. 148 देखें।

628. नॉर्वे का सर्वाधिक महत्त्वपूर्ण बंदरगाह कौन सा है ?

(क) ओस्लो (ख) स्तावेंजर

(ग) बर्गेन (घ) ट्रांडियर

629. विश्व का सबसे बड़ा रेलवे जंक्शन कहाँ है ?

(क) मॉस्को (ख) लंदन

(ग) न्यूयॉर्क (घ) बर्लिन

630. विश्व का सबसे बड़ा तथा व्यस्त अंतरदेशीय जलमार्ग कौन सा है ?

(क) गंगा नदी (भारत)

(ख) ग्रेट लेक तथा सेंट लॉरेंस नदी (अमेरिका)

(ग) राइन नदी (जर्मनी)

(घ) नील नदी (अफ्रीका)

631. 'डायमंड पत्तन' किस शहर के पास स्थित है ?

(क) कोलकाता (ख) मुंबई

(ग) विशाखापट्टनम (घ) रंगून

632. विश्व में कौन सा देश सबसे ज्यादा चावल का निर्यात करता है ?

(क) भारत (ख) रूस

(ग) म्याँमार (घ) बँगलादेश

633. कौन से चार बड़े नगर जी.टी. रोड (ग्रांड ट्रंक रोड) से जुड़े हैं ?

(क) कोलकाता, पटना, बिलासपुर, मुंबई

(ख) कोलकाता, कानपुर, दिल्ली, अमृतसर

(ग) कोलकाता, जमशेदपुर, हैदराबाद, चेन्नई

(घ) कोलकाता, रायपुर, इंदौर, गांधी नगर

634. भारत में मीटरगेज (छोटी लाइन) पर सबसे पहले कौन सी सुपर फास्ट रेलगाड़ी चलाई गई ?

(क) पिंकसिटी एक्सप्रेस (ख) आश्रम एक्सप्रेस

(ग) चेतक एक्सप्रेस (घ) कालका एक्सप्रेस

635. राष्ट्रीय राजमार्ग संख्या 2 किन दो शहरों को जोड़ता है ?

(क) दिल्ली-मुंबई (ख) दिल्ली-कोलकाता

(ग) कोलकाता-अमृतसर (घ) इनमें से कोई नहीं

उत्तर के लिए कृपया पृष्ठ सं. 148 देखें।

636. राष्ट्रीय राजमार्ग संख्या 8 कहाँ से शुरू होकर कहाँ पर खत्म होता है ?
(क) दिल्ली से मुंबई वाया जयपुर
(ख) थाणे से चेन्नई वाया पुणे
(ग) दिल्ली से लखनऊ वाया बरेली
(घ) पटना से हैदराबाद वाया रायपुर

637. कांडला बंदरगाह किस राज्य में स्थित है ?
(क) गुजरात (ख) आंध्र प्रदेश
(ग) महाराष्ट्र (घ) पश्चिम बंगाल

638. किस बंदरगाह से भारत का सबसे ज्यादा विदेशी व्यापार होता है ?
(क) कोलकाता (ख) विशाखापट्टनम
(ग) मुंबई (घ) कांडला

639. मुंबई–पुणे रेलमार्ग कहाँ से होकर गुजरता है ?
(क) बालाघाट (ख) बोलान दर्रा (पास)
(ग) भोरघाट (घ) इनमें से कोई नहीं

640. भारत की प्रथम विद्युत्–चालित रेलगाड़ी 'दक्कन क्वीन' किन दो स्टेशनों के बीच चलाई गई ?
(क) दिल्ली और हावड़ा (ख) कल्याण और पुणे
(ग) मुंबई और दिल्ली (घ) मद्रास और पुणे

641. भारत की कौन सी रेलगाड़ी सबसे ज्यादा लंबा सफर तय करती है ?
(क) तूफान एक्सप्रेस (ख) हिमसागर एक्सप्रेस
(ग) राजधानी एक्सप्रेस (घ) जम्मू–तवी एक्सप्रेस

642. भारतीय रेलवे सबसे ज्यादा कौन सा उत्पाद ढोती है ?
(क) सीमेंट (ख) कोयला
(ग) अनाज (घ) पेट्रोलियम

643. कोंकण रेलमार्ग की कुल लंबाई कितनी है ?
(क) 760 कि.मी. (ख) 660 कि.मी.
(ग) 560 कि.मी. (घ) 860 कि.मी.

644. भारत का सबसे लंबा राष्ट्रीय राजमार्ग कहाँ से कहाँ तक है ?
(क) आगरा से मुंबई (ख) दिल्ली से कोलकाता
(ग) वाराणसी से कन्याकुमारी (घ) दिल्ली से मुंबई

उत्तर के लिए कृपया पृष्ठ सं. 148 देखें।

645. भारत किस वस्तु का प्रमुख निर्यातक देश है ?
(क) लौह अयस्क (ख) चाय
(ग) हीरे-जवाहरात (घ) ताँबा

646. भारत का सबसे लंबा रेलमार्ग कौन सा है ?
(क) जम्मूतवी से गुवाहाटी (ख) जम्मूतवी से कन्याकुमारी
(ग) तिरुवनंतपुरम से दिल्ली (घ) दिल्ली से मुंबई

647. भारत में पारादीप तथा कांडला बंदरगाह कहाँ पर स्थित हैं ?
(क) पश्चिमी तट पर
(ख) क्रमश: पूर्वी तथा पश्चिमी तट पर
(ग) पूर्वी तट पर
(घ) क्रमश: पश्चिमी और पूर्वी तट पर

648. भारत में ज्वारीय पत्तन कहाँ पर है ?
(क) कांडला (ख) मंगलूर
(ग) पारादीप (घ) चेन्नई

649. भारत के पूर्वी तट पर प्राकृतिक बंदरगाह कौन सा है ?
(क) विशाखापट्टनम (ख) कोलकाता
(ग) चेन्नई (घ) नेल्लौर

650. सन् 1984 में भारत में पहली मेट्रो रेल (भूमिगत रेल) कहाँ पर चलाई गई ?
(क) मुंबई (ख) चेन्नई
(ग) दिल्ली (घ) कोलकाता

651. 'समझौता एक्सप्रेस' किस रेलमार्ग पर चलती है ?
(क) अमृतसर और हावड़ा (ख) अमृतसर और अटारी
(ग) चेन्नई और बंगलौर (घ) डिब्रूगढ़ और लखनऊ

652. हावड़ा से दिल्ली तक जानेवाली 'राजधानी एक्सप्रेस' किन राज्यों से होकर गुजरती है ?
(क) बंगाल, बिहार, उड़ीसा, दिल्ली
(ख) बंगाल, मध्य प्रदेश, उड़ीसा, दिल्ली
(ग) बंगाल, बिहार, उत्तर प्रदेश, दिल्ली
(घ) बंगाल, बिहार, मध्य प्रदेश, दिल्ली

उत्तर के लिए कृपया पृष्ठ सं. 148 देखें।

653. सबसे लंबा राष्ट्रीय राजमार्ग कौन सा है ?

(क) राष्ट्रीय राजमार्ग सं. 1 (ख) राष्ट्रीय राजमार्ग सं. 2

(ग) राष्ट्रीय राजमार्ग सं. 7 (घ) राष्ट्रीय राजमार्ग सं. 5

654. राष्ट्रीय राजमार्ग संख्या 1 किन दो शहरों को जोड़ता है ?

(क) चेन्नई और नई दिल्ली (ख) तिरुवनंतपुरम और श्रीनगर

(ग) कोलकाता और अमृतसर (घ) नई दिल्ली और मुंबई

655. कौन सा बंदरगाह मुक्त व्यापार क्षेत्र के अंतर्गत आता है ?

(क) पारादीप (ख) चेन्नई

(ग) कांडला (घ) कोचीन

656. भारत का प्रमुख पत्तन 'न्हावा शावा' किस राज्य में स्थित है ?

(क) गुजरात (ख) महाराष्ट्र

(ग) आंध्र प्रदेश (घ) पश्चिम बंगाल

657. भारत के किस राज्य में सड़कों की लंबाई सबसे अधिक है ?

(क) उत्तर प्रदेश (ख) बिहार

(ग) महाराष्ट्र (घ) कर्नाटक

658. भारत में लौह अयस्क का सर्वाधिक निर्यात किन पत्तनों के माध्यम से होता है ?

(क) मुंबई और कोलकाता

(ख) विशाखापट्टनम और मॉरमुगाव

(ग) कोलकाता और कांडला

(घ) कांडला और मंगलूर

659. भारत से कोयले का सबसे ज्यादा निर्यात किस देश को किया जाता है ?

(क) जापान (ख) फ्रांस

(ग) जर्मनी (घ) रूस

660. ब्रॉड गेज (बड़ी लाइन) रेल की पटरियों के बीच कितनी चौड़ाई होती है ?

(क) 2.066 मीटर (ख) 1.676 मीटर

(ग) 0.762 मीटर (घ) इनमें से कोई नहीं

661. भारत के निम्नलिखित में से किस शहर में 'रेल संग्रहालय' है ?

(क) कोलकाता (ख) नई दिल्ली

(ग) बंगलौर (घ) जयपुर

उत्तर के लिए कृपया पृष्ठ सं. 148 व 149 देखें।

662. भारत में पहली रेल लाइन सन् 1853 में कहाँ पर बिछाई गई थी ?
(क) पुणे और हैदराबाद के बीच (ख) मुंबई और थाणे के बीच
(ग) पटना और गया के बीच (घ) खड़गपुर और हावड़ा के बीच

663. हाल ही में किस हवाई अड्डे को अंतरराष्ट्रीय हवाई अड्डे का दर्जा दिया गया है ?
(क) तिरुवनंतपुरम (ख) मुंबई
(ग) अमृतसर (घ) पटना

664. रेलमार्ग की दृष्टि से विश्व में भारत का कौन सा स्थान है ?
(क) पहला (ख) दूसरा
(ग) चौथा (घ) आठवाँ

665. दक्षिण-मध्य रेलवे का मुख्यालय कहाँ पर है ?
(क) चेन्नई (ख) नागपुर
(ग) हैदराबाद (घ) सिकंदराबाद

666. पूर्वोत्तर रेलवे का मुख्यालय कहाँ पर है ?
(क) कोलकाता (ख) गोरखपुर
(ग) नई दिल्ली (घ) मुंबई

667. भारत का सबसे बड़ा प्लेटफॉर्म कहाँ पर है ?
(क) सोनपुर (ख) खड़गपुर
(ग) हावड़ा (घ) गया

668. इंदिरा गांधी अंतरराष्ट्रीय हवाई अड्डा कहाँ पर स्थित है ?
(क) मुंबई (ख) दिल्ली
(ग) कोलकाता (घ) भोपाल

669. भारत का सुदूर उत्तरी रेलवे स्टेशन कौन सा है ?
(क) जम्मू (ख) श्रीनगर
(ग) अमृतसर (घ) कालका

670. भारत का सुदूर पश्चिमी रेलवे स्टेशन कौन सा है ?
(क) पुणे (ख) ओखा
(ग) मुंबई (घ) कोच्चि

उत्तर के लिए कृपया पृष्ठ सं. 149 देखें।

671. रेलगाड़ी के पहिए तथा धुरी संबंधी संयंत्र कहाँ पर स्थित हैं ?

(क) चेन्नई (ख) बंगलौर

(ग) गोरखपुर (घ) लुधियाना

672. भारत में उपग्रह निर्माण केंद्र कहाँ पर है ?

(क) बंगलौर (ख) पीन्या

(ग) हैदराबाद (घ) श्रीहरिकोटा

673. मुंबई और थाणे के बीच बिछाई गई भारत की पहली रेल लाइन कितनी लंबी थी ?

(क) 49 कि.मी. (ख) 34 कि.मी.

(ग) 38 कि.मी. (घ) 58 कि.मी.

674. कौन सा शहर जी.टी. रोड (ग्रांड ट्रंक रोड) पर स्थित नहीं है ?

(क) इलाहाबाद (ख) आगरा

(ग) कानपुर (घ) लखनऊ

675. रेल परिवहन की अपेक्षा वायु परिवहन किन क्षेत्रों के लिए किफायती है ?

(क) तटीय क्षेत्र (ख) पर्वतीय क्षेत्र

(ग) मरु क्षेत्र (घ) मैदानी क्षेत्र

□

उत्तर के लिए कृपया पृष्ठ सं. 149 देखें।

आबादी

676. किस महाद्वीप में जनसंख्या घनत्व सर्वाधिक है ?
(क) एशिया (ख) अफ्रीका
(ग) यूरोप (घ) उत्तरी अमेरिका

677. जनसंख्या की दृष्टि से सबसे बड़ा महाद्वीप कौन सा है ?
(क) उत्तरी अमेरिका (ख) ऑस्ट्रेलिया
(ग) एशिया (घ) यूरोप

678. यूरोप के किस देश में जनसंख्या घनत्व सबसे कम है ?
(क) नॉर्वे (ख) इटली
(ग) पोलैंड (घ) जर्मनी

679. यूरोप में सबसे घनी आबादीवाला देश कौन सा है ?
(क) इटली (ख) फ्रांस
(ग) बेल्जियम (घ) स्वीडन

680. विश्व के किस देश की जनसंख्या सबसे ज्यादा है ?
(क) रूस (ख) भारत
(ग) अमेरिका (घ) चीन

681. विश्व में सबसे बड़ा संजातीय समूह कौन सा है ?
(क) ऑस्ट्रेलियाई (ख) काकेशसवासी
(ग) मंगोलियन (घ) नीग्रो

उत्तर के लिए कृपया पृष्ठ सं. 149 देखें।

682. 'मैक्री' किस देश के मूल निवासी हैं ?

(क) न्यूजीलैंड (ख) ब्राजील

(ग) मिस्र (घ) सऊदी अरब

683. 'फिन' कहाँ के मूल निवासी हैं ?

(क) रूस के टैगा (ख) ऑस्ट्रेलिया

(ग) यूरोप के टुंड्रा (घ) चीन

684. विश्व के किस शहर की आबादी सबसे ज्यादा घनी है ?

(क) टोकियो (ख) न्यूयॉर्क

(ग) मुंबई (घ) लंदन

685. अधिकांश भारतीय किस संजातीय समूह से संबद्ध हैं ?

(क) मंगोल (ख) नीग्रो

(ग) काकेशस (घ) ऑस्ट्रेलियाई

686. 'याकूत' कहाँ के मूल निवासी हैं ?

(क) दक्षिण भारत (ख) नॉर्वे

(ग) रूसी टुंड्रा (घ) केन्या

687. उत्तरी अमेरिका के आदिवासी क्या कहलाते हैं ?

(क) मेस्टीजोर (ख) रेड इंडियन

(ग) अल्पाइन (घ) बुशमैन

688. प्रारंभ में यूरोप से दक्षिण अमेरिका में किन लोगों ने प्रवास किया था ?

(क) ब्रिटिश (ख) पुर्तगाली

(ग) फ्रांसीसी (घ) इनमें से कोई नहीं

689. किस देश की जनसंख्या वृद्धि दर शून्य पर पहुँचने वाली है ?

(क) चीन (ख) फ्रांस

(ग) अमेरिका (घ) रूस

690. किस देश की जनसंख्या वृद्धि दर 1 प्रतिशत से भी कम है ?

(क) जापान (ख) चीन

(ग) इराक (घ) श्रीलंका

691. विश्व में किस देश की जनसंख्या स्थिर हो गई है ?

(क) इटली (ख) ब्रिटेन

(ग) स्विट्जरलैंड (घ) रूस

उत्तर के लिए कृपया पृष्ठ सं. 149 देखें।

692. 'जनसंख्या घनत्व' का क्या अर्थ है ?

(क) स्थान विशेष पर प्रति कि.मी. क्षेत्र में रहनेवाले लोगों की संख्या

(ख) स्थान विशेष पर प्रति वर्ग कि.मी. क्षेत्र में रहनेवाले लोगों की संख्या

(ग) गाँवों और शहरों में रहनेवालों की संख्या

(घ) इनमें से कोई नहीं

693. शिशु मृत्यु दर क्या है ?

(क) प्रति 1,000 आबादी में पाँच वर्ष से कम उम्र में मरनेवाले बच्चों की संख्या

(ख) प्रति 1,000 आबादी में एक वर्ष से कम आयु में मरनेवाले बच्चों की संख्या

(ग) प्रति 100 आबादी में दस वर्ष से कम आयु में मरनेवाले बच्चों की संख्या

(घ) प्रति 100 आबादी में एक वर्ष से कम आयु में मरनेवाले बच्चों की संख्या

694. ब्रिटेन का सर्वाधिक घनी आबादीवाला शहर कौन सा है ?

(क) मैनचेस्टर (ख) डबलिन

(ग) लंदन (घ) स्कॉटलैंड

695. भारत की आबादी विश्व की कुल आबादी का कितना प्रतिशत है ?

(क) 4 प्रतिशत (ख) 12 प्रतिशत

(ग) 17 प्रतिशत (घ) 20 प्रतिशत

696. भारत का कौन सा राज्य पूर्ण साक्षर राज्य घोषित किया गया है ?

(क) मध्य प्रदेश (ख) केरल

(ग) हरियाणा (घ) कर्नाटक

697. अधिकांश भारतीयों द्वारा प्रयोग की जानेवाली भाषा कौन सी है ?

(क) द्रविड़ (ख) भारतीय-आर्य (इंडो-आर्य)

(ग) चीनी-तिब्बती (घ) संस्कृत

698. किस दशक के दौरान भारत में जनसंख्या वृद्धि दर सबसे ज्यादा रही ?

(क) 1951-61 (ख) 1961-71

(ग) 1971-81 (घ) 1941-51

उत्तर के लिए कृपया पृष्ठ सं. 149 देखें।

699. 'बिरहार' भारत के किस राज्य के वासी हैं?

(क) असम (ख) बिहार

(ग) मध्य प्रदेश (घ) कर्नाटक

700. 'उराँव', 'मुंडा', 'संथाल', 'गोंड' तथा 'असुर' किस राज्य की जनजातियाँ हैं?

(क) राजस्थान (ख) झारखंड

(ग) महाराष्ट्र (घ) गुजरात

701. 'मोपला' जाति के लोग कहाँ रहते हैं?

(क) मणिपुर (ख) केरल

(ग) कर्नाटक (घ) आंध्र प्रदेश

702. 'टोडा' लोग कहाँ रहते हैं?

(क) केरल (ख) गुजरात

(ग) तमिलनाडु (घ) असम

703. 'भील' और 'कोल' जनजातियाँ कहाँ रहती हैं?

(क) दक्षिण-पश्चिम भारत (ख) विंध्याचल श्रेणियों में

(ग) नीलगिरि (घ) भारत के पूर्वी क्षेत्र में

704. उत्तर प्रदेश का सर्वाधिक आबादीवाला शहर कौन सा है?

(क) कानपुर (ख) लखनऊ

(ग) इलाहाबाद (घ) बनारस

705. भारत में पारसी धर्म के अनुयायी सबसे ज्यादा संख्या में कहाँ रहते हैं?

(क) मध्य प्रदेश (ख) महाराष्ट्र

(ग) आंध्र प्रदेश (घ) बिहार

706. कोंकणी भाषा भारत के किस राज्य की स्थानीय भाषा है?

(क) महाराष्ट्र और गोवा (ख) उड़ीसा और पश्चिम बंगाल

(ग) कर्नाटक और आंध्र प्रदेश (घ) तमिलनाडु

707. भारत के किस राज्य में कुल जनसंख्या की दृष्टि से अनुसूचित जनजाति का अनुपात सबसे ज्यादा है?

(क) मिजोरम (ख) आंध्र प्रदेश

(ग) मेघालय (घ) मध्य प्रदेश

उत्तर के लिए कृपया पृष्ठ सं. 149 देखें।

708. भारत में किस संप्रदाय के लोगों की संख्या सबसे कम है ?

(क) सिख (ख) बौद्ध

(ग) जैन (घ) ईसाई

709. भारत के किस राज्य की कुल जनसंख्या में ईसाइयों का अनुपात सबसे ज्यादा है ?

(क) तमिलनाडु (ख) केरल

(ग) आंध्र प्रदेश (घ) असम

710. भारत के किस राज्य में अनुसूचित जनजाति के लोगों की संख्या सबसे ज्यादा है ?

(क) उड़ीसा (ख) मध्य प्रदेश

(ग) राजस्थान (घ) पंजाब

711. भारत के किस राज्य में महिला साक्षरता-दर सबसे कम है ?

(क) असम (ख) राजस्थान

(ग) उत्तर प्रदेश (घ) मेघालय

712. भारत के किस राज्य में जनसंख्या घनत्व सबसे कम है ?

(क) राजस्थान (ख) गुजरात

(ग) सिक्किम (घ) नगालैंड

713. 'गैडी' निम्नलिखित में से कौन हैं ?

(क) राजस्थान के निवासी (ख) हिमाचल प्रदेश के व्यापारी

(ग) हिमाचल प्रदेश के गड़रिए (घ) पश्चिम बंगाल के व्यापारी

714. 2001 की जनगणना के अनुसार भारत में जनघनत्व कितना है ?

(क) 274 (ख) 285

(ग) 324 (घ) 320

□

उत्तर के लिए कृपया पृष्ठ सं. 149 देखें।

खनिज और ऊर्जा संसाधन

715. विश्व में सबसे ज्यादा ताँबा कहाँ मिलता है ?
(क) ऑस्ट्रेलिया (ख) चिली
(ग) मलेशिया (घ) भारत

716. विश्व में सबसे ज्यादा अभ्रक का उत्पादन कहाँ होता है ?
(क) रूस (ख) अमेरिका
(ग) भारत (घ) चीन

717. एल्यूमीनियम का मुख्य अयस्क कौन सा है ?
(क) अल्यूमिना (ख) बॉक्साइट
(ग) गैलेना (घ) एल्यूमीनियम ऑक्साइड

718. किस देश में सबसे ज्यादा बॉक्साइट मिलता है ?
(क) अमेरिका (ख) फ्रांस
(ग) ऑस्ट्रेलिया (घ) जर्मनी

719. किस देश में सबसे ज्यादा लौह अयस्क मिलता है ?
(क) अमेरिका (ख) जापान
(ग) चीन (घ) म्याँमार

720. विश्व में सबसे ज्यादा कोयला कहाँ मिलता है ?
(क) अमेरिका (ख) चीन
(ग) रूस (घ) भारत

उत्तर के लिए कृपया पृष्ठ सं. 149 व 150 देखें।

721. सर्वाधिक ऊष्मीय मानवाला उच्च श्रेणी का कोयला कौन सा है ?
(क) पीट (ख) बिट्यूमिनस
(ग) लिग्नाइट (घ) एंथ्रासाइट

722. किस प्रकार का कोयला प्रारंभिक अवस्था का माना जाता है ?
(क) लिग्नाइट (ख) पीट (जलावन)
(ग) बिट्यूमिनस (घ) एंथ्रासाइट

723. किस प्रकार के कोयले में लगभग 90 प्रतिशत कार्बन होता है तथा इसमें से धुआँ नहीं उठता ?
(क) एंथ्रासाइट (ख) लिग्नाइट
(ग) पीट (घ) बिट्यूमिनस

724. महासागरों में तेल के भंडार कहाँ तक सीमित हैं ?
(क) महाद्वीपीय ढाल (ख) अंत:समुद्रीय कटक
(ग) महाद्वीपीय उपतट (शेल्फ) (घ) महासागरीय खाई (ट्रैंच)

725. किस देश में सबसे ज्यादा खनिज तेल के भंडार पाए जाते हैं ?
(क) अमेरिका (ख) सऊदी अरब
(ग) इराक (घ) कुवैत

726. विश्व में आजकल सबसे ज्यादा ऊर्जा किस माध्यम से मिलती है ?
(क) जल विद्युत् शक्ति (ख) कोयला
(ग) परमाणु ऊर्जा (घ) लिग्नाइट ईंधन

727. फ्रांस की राइन घाटी किस खनिज के भंडार के लिए प्रसिद्ध है ?
(क) जिंक (ख) लौह अयस्क
(ग) बॉक्साइट (घ) सोना

728. किस देश ने महासागरीय ज्वार से बिजली तैयार करने की तकनीक का विकास किया है ?
(क) रूस (ख) अमेरिका
(ग) ब्रिटेन (घ) भारत

729. पाकिस्तान का परमाणु ऊर्जा संयंत्र कहाँ स्थित है ?
(क) कराची (ख) सिंध
(ग) पेशावर (घ) कहूटा

उत्तर के लिए कृपया पृष्ठ सं. 150 देखें।

730. विश्व में सबसे ज्यादा गंधक (सल्फर) कहाँ मिलता है ?

(क) अमेरिका (ख) स्पेन

(ग) इटली (घ) जापान

731. विश्व की सबसे ऊँची हाइडेल पावर परियोजना 'रोंग टोंग' कहाँ पर है ?

(क) रंगून (म्याँमार) (ख) हिमाचल प्रदेश (भारत)

(ग) कोलंबो (श्रीलंका) (घ) पेचिंग (चीन)

732. विश्व का सबसे बड़ा बाँध कौन सा है ?

(क) हीराकुंड बाँध (ख) भाखड़ा नाँगल बाँध

(ग) व्यास बाँध (घ) इनमें से कोई नहीं

733. अक्षय या नवीकरणीय ऊर्जा स्रोत का उदाहरण इनमें से कौन सा है ?

(क) पेट्रोलियम (ख) कोयला

(ग) पानी (घ) प्राकृतिक गैस

734. विश्व में सबसे ज्यादा सोना किस देश में मिलता है ?

(क) दक्षिण अफ्रीका (ख) भारत

(ग) चीन (घ) अमेरिका

735. उन्नीसवीं शताब्दी में विश्व में सबसे पहले तेल कहाँ पर निकाला गया ?

(क) पेंसिल्वेनिया में टीटूस्फिल्स (अमेरिका)

(ख) असम में डिगबोई (भारत)

(ग) अर्स्टव्हाइल में बलेयू (रूस)

(घ) मुंबई हाई (भारत)

736. किस देश में सबसे ज्यादा यूरेनियम मिलता है ?

(क) भारत (ख) कनाडा

(ग) फ्रांस (घ) चीन

737. फेरो मिश्र धातु कौन सी होती है ?

(क) लौह-मिश्रित धातु, जो प्रायः इस्पात बनाने में इस्तेमाल की जाती है

(ख) ताँबा-मिश्रित सोना, जिससे सोना कठोर हो जाता है

(ग) धातु-मिश्रित एल्यूमीनियम

(घ) लोहे पर जिंक की परत

उत्तर के लिए कृपया पृष्ठ सं. 150 देखें।

738. जायरे निम्नलिखित में से किसका अग्रणी उत्पादक देश है ?

(क) हीरा (ख) कोयला

(ग) लोहा (घ) लेड

739. परमाणु ऊर्जा का स्रोत क्या है ?

(क) एंटिमनी (ख) कोयला

(ग) लेड (घ) यूरेनियम

740. 'व्हाइट कोल' (सफेद कोयला) किसे कहते हैं ?

(क) शुष्क बर्फ (ख) हीरा

(ग) हाइड्रो-इलेक्ट्रिसिटी (घ) नाइट्रेट्स

741. पेट्रोलियम का सर्वाधिक महत्त्वपूर्ण घटक कौन सा है ?

(क) हाइड्रोजन और नाइट्रोजन (ख) हाइड्रोजन और ऑक्सीजन

(ग) हाइड्रोजन और फ्लोरिन (घ) हाइड्रोजन और कार्बन

742. किस देश में प्रति व्यक्ति बिजली की खपत सबसे ज्यादा है ?

(क) चीन (ख) अमेरिका

(ग) भारत (घ) नॉर्वे

743. भारत में सबसे पहला तेल-कूप कहाँ खोदा गया ?

(क) मुंबई (ख) डिगबोई (असम)

(ग) बरौनी (बिहार) (घ) अहमदाबाद

744. भारत में सबसे गहरी खान कहाँ है ?

(क) हॉस्पेट (ख) कोलार

(ग) बेल्लारी (घ) धनबाद

745. भारत के किस राज्य में सबसे ज्यादा कोयले के भंडार हैं ?

(क) पश्चिम बंगाल (ख) झारखंड

(ग) कर्नाटक (घ) मध्य प्रदेश

746. भारत के किस राज्य में सबसे ज्यादा बॉक्साइट मिलता है ?

(क) झारखंड (ख) उड़ीसा

(ग) बिहार (घ) उत्तर प्रदेश

747. भारत में ताँबे की खानें कहाँ हैं ?

(क) पन्ना (ख) कोलार

(ग) धनबाद (घ) खेतड़ी

उत्तर के लिए कृपया पृष्ठ सं. 150 देखें।

748. कोलार की सोने की खान किस राज्य में है?

(क) बिहार | (ख) मध्य प्रदेश
(ग) कर्नाटक | (घ) आंध्र प्रदेश

749. भारत में हीरे की खान मुख्य रूप से किस स्थान पर है?

(क) पन्ना | (ख) खेतड़ी
(ग) कोलार | (घ) झरिया

750. 'कोयली पेट्रोलियम रिफाइनरी' कहाँ स्थित है?

(क) कर्नाटक | (ख) गुजरात
(ग) असम | (घ) उत्तर प्रदेश

751. 'बॉम्बे हाई' किसलिए प्रसिद्ध है?

(क) उर्वरक उद्योग | (ख) पेट्रोलियम भंडार
(ग) स्टील संयंत्र | (घ) परमाणु संयंत्र

752. नाभिकीय ऊर्जा केंद्र, रावतभाटा किस राज्य में स्थित है?

(क) राजस्थान | (ख) हिमाचल प्रदेश
(ग) बिहार | (घ) गुजरात

753. भारत के किस राज्य में पहला नाभिकीय ऊर्जा केंद्र स्थापित किया गया?

(क) राजस्थान | (ख) कर्नाटक
(ग) उत्तर प्रदेश | (घ) महाराष्ट्र

754. कौन सा देश भारत को (विशेषतः तारापुर परमाणु ऊर्जा संयंत्र के लिए) यूरेनियम का निर्यात करता है?

(क) अमेरिका | (ख) फ्रांस
(ग) जर्मनी | (घ) रूस

755. मध्य प्रदेश में सबसे ज्यादा कौन सा खनिज पदार्थ पाया जाता है?

(क) लौह अयस्क और मैगनीज | (ख) हीरा और डोलोमाइट
(ग) लौह अयस्क और कोयला | (घ) अभ्रक और प्राकृतिक गैस

756. भारत का सबसे बड़ा तेलशोधक कारखाना कौन सा है?

(क) कोयली | (ख) बरौनी
(ग) मथुरा | (घ) डिगबोई

उत्तर के लिए कृपया पृष्ठ सं. 150 देखें।

757. भारत का प्रथम परमाणु ऊर्जा संयंत्र कौन सा है ?

(क) तारापुर (ख) नरौरा

(ग) कलपक्कम (घ) ट्रॉम्बे

758. भारत का अधिकांश तेल क्षेत्र किस चट्टान से जुड़ा है ?

(क) कायांतरित (ख) अवसादी

(ग) आग्नेय (घ) ज्वालामुखी

759. एशिया का पहला पवन-चक्की फार्म कहाँ स्थापित किया गया है ?

(क) गुजरात (ख) महाराष्ट्र

(ग) उड़ीसा (घ) पश्चिम बंगाल

760. भारत निम्नलिखित में से किस क्षेत्र में आत्मनिर्भर नहीं है ?

(क) अभ्रक (ख) कोयला

(ग) बॉक्साइट (घ) तेल (पेट्रोलियम)

761. भारत में ऐसा कौन सा एकमात्र स्थान है, जहाँ पर टिन पाया जाता है ?

(क) रीवा (मध्य प्रदेश) (ख) सलेम (तमिलनाडु)

(ग) लोहरदगा (झारखंड) (घ) जयपुर (राजस्थान)

762. इनमें से किस राज्य में ताप बिजलीघर नहीं है ?

(क) उत्तर प्रदेश (ख) मध्य प्रदेश

(ग) बिहार (घ) हरियाणा

763. कोयले की अधिकतर खानें कहाँ पाई जाती हैं ?

(क) प. बंगाल और उड़ीसा (ख) बिहार और उड़ीसा

(ग) झारखंड और प. बंगाल (घ) उत्तर प्रदेश और मध्य प्रदेश

764. केंद्र सरकार की कौन सी एजेंसी खनिजों की खोज में संलग्न है ?

(क) भारतीय महासर्वेक्षक

(ख) भारतीय भू-वैज्ञानिक सर्वेक्षण

(ग) राष्ट्रीय खनिज विकास निगम लिमिटेड

(घ) इनमें से कोई नहीं

765. बिजली तैयार करने के लिए गरम स्रोतों की प्राकृतिक ऊर्जा (भू-तापीय ऊर्जा) का इस्तेमाल कहाँ पर किया जाता है ?

(क) नेल्लौर (आंध्र प्रदेश) (ख) कोटा (राजस्थान)

(ग) मणिकर्ण (हिमाचल प्रदेश) (घ) भीलवाड़ा (राजस्थान)

उत्तर के लिए कृपया पृष्ठ सं. 150 देखें।

766. नारिमन तेल क्षेत्र कहाँ स्थित है ?

(क) कावेरी डेल्टा | (ख) कृष्णा डेल्टा

(ग) गोदावरी डेल्टा | (घ) सुंदरवन डेल्टा

767. इनमें से कौन सा खनिज उत्पाद पश्चिम बंगाल में प्रमुखता से पाया जाता है ?

(क) ताँबा | (ख) मैगनीज

(ग) डोलोमाइट | (घ) कोयला

768. गुजरात में सर्वाधिक नमक का उत्पादन क्यों होता है ?

(क) यहाँ विस्तृत रूप से फैले उथले समुद्र हैं

(ख) इसका तटीय जल बहुत ज्यादा खारा है

(ग) यहाँ काफी मात्रा में सेंधा नमक पाया जाता है

(घ) यहाँ शुष्क तट पाया जाता है

769. कौन सा खनिज सबसे ज्यादा कठोर माना जाता है ?

(क) टंगस्टन | (ख) हीरा

(ग) प्लेटिनम | (घ) यूरेनियम

□

उत्तर के लिए कृपया पृष्ठ सं. 150 देखें।

जलमंडल

770. पृथ्वी का लगभग कितना भाग जल से ढका हुआ है ?
   (क) 45 प्रतिशत (ख) 71 प्रतिशत
   (ग) 50 प्रतिशत (घ) 30 प्रतिशत

771. महासागर की औसतन गहराई कितनी होती है ?
   (क) 4 कि.मी. (ख) 2 कि.मी.
   (ग) 3 कि.मी. (घ) 1.5 कि.मी.

772. किस प्रक्रिया के अंतर्गत जलवाष्प बर्फ में बदलता है ?
   (क) हिमपात (ख) वर्षण
   (ग) संघनन (घ) ऊर्ध्वपातन

773. आर्द्रता को प्रतिशत में व्यक्त करने को क्या कहा जाता है ?
   (क) निरपेक्ष आर्द्रता (ख) विशिष्ट आर्द्रता
   (ग) सापेक्ष आर्द्रता (घ) प्रतिशत आर्द्रता

774. हाइग्रोमीटर से क्या मापा जाता है ?
   (क) तापमान (ख) पवन-वेग
   (ग) दाब (घ) आर्द्रता

775. निश्चित वायु-वॉल्यूम में जलवाष्प की मात्रा किस रूप में जानी जाती है ?
   (क) विशिष्ट आर्द्रता (ख) निरपेक्ष आर्द्रता
   (ग) सापेक्ष आर्द्रता (घ) मिश्रित अनुपात

उत्तर के लिए कृपया पृष्ठ सं. 150 देखें।

776. भारत के कुल सिंचित क्षेत्र के लगभग 45 प्रतिशत भाग पर सिंचाई का महत्त्वपूर्ण स्रोत क्या है ?

(क) तालाब (ख) नहर

(ग) ट्यूबवेल (घ) कुएँ और ट्यूबवेल

777. संरचना की दृष्टि से भूखंड का हिस्सा तथा समुद्र-तल का तटीय भाग क्या कहलाता है ?

(क) गहरा समुद्री मैदान (ख) महाद्वीपीय शेल्फ

(ग) महासागरीय पठार (घ) महाद्वीपीय ढाल

778. किस क्षेत्र में प्रवाल (coral) की वृद्धि होती है ?

(क) कनाडियन तट का पूर्वी हिस्सा

(ख) भारतीय तट का पूर्वी हिस्सा

(ग) रूसी तट का पश्चिमी हिस्सा

(घ) ऑस्ट्रेलियाई तट का पूर्वी हिस्सा

779. 'ग्रेट बैरियर रीफ' क्या है ?

(क) बहुत बड़ी प्रवालभित्ति

(ख) बहुत बड़ा किनारा (बीच)

(ग) बहुत बड़ी बालू रोधिका

(घ) बहुत बड़ा प्लावी बर्फ (आइसबर्ग)

780. प्रवाल वृद्धि के लिए कितना तापमान उपयुक्त है ?

(क) 10° सें. से कम (ख) 20° सें. से अधिक

(ग) 30° से 40° सें. के बीच (घ) 5° और 10° सें. के बीच

781. जलधारा के भू-पृष्ठीय प्रवाह पर किसका नियंत्रण नहीं होता है ?

(क) घनत्व परिवर्तन (ख) भूमंडलीय पवन

(ग) तापमान परिवर्तन (घ) गहराई परिवर्तन

782. वायु के मार्ग में पर्वतीय अवरोध के कारण होनेवाली वर्षा क्या कहलाती है ?

(क) चक्रवातीय वर्षा (ख) पर्वतीय वर्षा

(ग) संवहनीय वर्षा (घ) इनमें से कोई नहीं

783. पर्वतीय अवरोध के कारण पर्वत के जिस ओर वर्षा नहीं हो पाती है, वह क्षेत्र क्या कहलाता है ?

उत्तर के लिए कृपया पृष्ठ सं. 150 व 151 देखें।

(क) वृष्टि छाया क्षेत्र (ख) मरु क्षेत्र
(ग) शुष्क क्षेत्र (घ) कोई नहीं

784. समुद्री जल में प्राय: कौन सा नमक पाया जाता है?
(क) सोडियम क्लोराइड (ख) पोटैशियम क्लोराइड
(ग) कैल्सियम कार्बोनेट (घ) मैग्नीशियम सल्फेट

785. सबसे ज्यादा खारा पानी कहाँ होता है?
(क) लाल सागर (ख) प्रशांत महासागर
(ग) उत्तर प्रशांत (घ) हिंद महासागर

786. 'गल्फ स्ट्रीम' किसे कहते हैं?
(क) अटलांटिक महासागर की गरम धारा
(ख) अटलांटिक महासागर की शीत धारा
(ग) प्रशांत महासागर की गरम धारा
(घ) प्रशांत महासागर की शीत धारा

787. हिंद महासागर में कौन सी गरम धारा होती है?
(क) लेब्रोडोर धारा (ख) क्यूरोशियो धारा
(ग) अगल्हास धारा (घ) फ्लोरिडा धारा

788. प्रशांत महासागर में कौन सी गरम धारा होती है?
(क) क्यूरोशियो धारा (ख) अगल्हास धारा
(ग) हंबोल्ट धारा (घ) लेब्रोडोर धारा

789. लाल सागर किस तरह की संरचना का उदाहरण है?
(क) भ्रंशित संरचना (ख) वलित संरचना
(ग) लावा संरचना (घ) अवशिष्ट संरचना

790. धारा से सबसे ज्यादा अपरदन कहाँ होता है?
(क) जहाँ गहराई अधिक हो (ख) जहाँ प्रवाह तेज हो
(ग) जहाँ इन्हें नदी जोड़ती हो (घ) जहाँ चौड़ाई ज्यादा हो

791. 'प्रवालभित्ति' (atoll) क्या होता है?
(क) उच्च और दीर्घ प्रवालभित्ति
(ख) गोलाकार या घोड़े के नाल के आकार की प्रवालभित्ति
(ग) लंबी प्रवालभित्ति
(घ) इनमें से कोई नहीं

उत्तर के लिए कृपया पृष्ठ सं. 151 देखें।

792. पीत सागर का रंग पीला होने का क्या कारण है ?

(क) औद्योगिक प्रदूषण

(ख) पादप प्लवक

(ग) रसायनों की मौजूदगी

(घ) ह्वांग-हो नदी द्वारा लाई गई पीली दोमट मिट्टी

793. भारत का कितने समुद्री जल क्षेत्र पर अधिकार है ?

(क) 15 समुद्री मील (ख) 6 समुद्री मील

(ग) 12 समुद्री मील (घ) 10 समुद्री मील

794. निम्नलिखित में से कौन सी गरम महासागरीय धारा है ?

(क) पेरुवियन (ख) क्यूरोशियो

(ग) लेब्रोडोर (घ) ब्राजीलियन धारा

795. निम्नलिखित में से कौन सी नदी रिफ्ट घाटी में से होकर बहती है ?

(क) नर्मदा (ख) ब्रह्मपुत्र

(ग) गंगा (घ) कृष्णा

796. 'सतलुज' किसका भाग है ?

(क) गंगा (ख) यमुना

(ग) सिंधु (घ) ब्रह्मपुत्र

797. भारत की कौन सी नदी 'सांग-पो' कहलाती है ?

(क) ब्रह्मपुत्र (ख) गंगा

(ग) नर्मदा (घ) कोसी

798. भारत की कौन सी नदी सतपुड़ा तथा विंध्य पर्वतों के बीच में बहती है ?

(क) गंडक (ख) चंबल

(ग) नर्मदा (घ) गोदावरी

799. चंबल नदी निम्नलिखित में से किन राज्यों से होकर बहती है ?

(क) गुजरात, मध्य प्रदेश, उत्तर प्रदेश

(ख) उत्तर प्रदेश, मध्य प्रदेश, राजस्थान

(ग) बिहार, मध्य प्रदेश, राजस्थान

(घ) मध्य प्रदेश, कर्नाटक, आंध्र प्रदेश

800. भारत की कौन सी नदी पश्चिम की ओर बहती है ?

उत्तर के लिए कृपया पृष्ठ सं. 151 देखें।

(क) नर्मदा (ख) कृष्णा
(ग) गोदावरी (घ) कावेरी

801. पश्चिमी घाट से पश्चिम में बहनेवाली नदियों का प्रायः कोई डेल्टा क्यों नहीं होता है?
(क) उच्च ढलान के कारण
(ख) कम वेग के कारण
(ग) अपरदित पदार्थों के अभाव के कारण
(घ) इनमें से कोई नहीं

802. कौन सी नदी उड़ीसा में अपना डेल्टा बनाती है?
(क) ताप्ती (ख) गोदावरी
(ग) महानदी (घ) कोसी

803. निम्नलिखित में से कौन सा राज्य 'भू-आवृत्त' (land-locked) है?
(क) झारखंड (ख) पश्चिम बंगाल
(ग) उत्तर प्रदेश (घ) आंध्र प्रदेश

804. ग्रीष्मकालीन मानसून भारत के किस क्षेत्र में सबसे पहले आता है?
(क) पश्चिमी घाट (ख) हिमालय
(ग) पूर्वी घाट (घ) सिंधु-गंगा मैदान

805. भारत के किस क्षेत्र में सबसे कम वर्षा होती है?
(क) पश्चिमी घाट (ख) राजस्थान
(ग) लेह (घ) बिहार

806. ज्वारीय बाढ़ (tidal bore) कहाँ आती है?
(क) कहीं भी (ख) नदी के मुहाने पर
(ग) मध्य महासागरीय कटक (घ) वितल मैदान

807. 90 डिग्री पूर्वी कटक कहाँ स्थित है?
(क) हिंद महासागर (ख) अटलांटिक महासागर
(ग) प्रशांत महासागर (घ) भूमध्य महासागर

808. विश्व में समुद्र का सबसे गहरा भाग कौन सा है?
(क) तस्कारोरा डीप (ख) मैरियाना खाई (ट्रैंच)
(ग) फिलिपाइंस खाई (ट्रैंच) (घ) इनमें से कोई नहीं

उत्तर के लिए कृपया पृष्ठ सं. 151 देखें।

809. अतिसूक्ष्म वनस्पति, जिससे मछलियों का भोजन बनता है, क्या कहलाती है?

(क) पादप प्लवक (ख) प्राणिप्लवक

(ग) सूक्ष्म कीट (घ) पॉलिप

810. 'टेलीग्राफ पठार' कहाँ स्थित है?

(क) उत्तरी अटलांटिक (ख) हिंद महासागर

(ग) दक्षिणी अटलांटिक (घ) उत्तरी प्रशांत महासागर

811. प्रवालभित्ति किस महासागर की महत्त्वपूर्ण विशेषता है?

(क) प्रशांत महासागर (ख) अटलांटिक महासागर

(ग) हिंद महासागर (घ) आर्कटिक महासागर

812. 'आर्चीपेलागो' (archipelago) का क्या अर्थ है?

(क) बहुत ज्यादा प्लावी बर्फ (ख) पादप प्लवक

(ग) द्वीप-समूह (घ) प्रदेशों का समूह

813. महासागरों में कौन सा संसाधन प्रचुर मात्रा में पाया जाता है?

(क) जैव संपदा (ख) रासायनिक संपदा

(ग) भू-वैज्ञानिक संपदा (घ) उपर्युक्त सभी

814. प्लवकी पौधों के लिए सामूहिक रूप से कौन सा शब्द इस्तेमाल किया जाता है?

(क) शैवाल (ख) कवक

(ग) जीवाणु (घ) समुद्र-तलजीवी

815. महासागर के तल में रहनेवाले जीव-जंतु क्या कहलाते हैं?

(क) बेंथॉस (ख) प्लवक

(ग) नेक्टन (घ) इनमें से कोई नहीं

816. भूमिगत जल की ऊपरी सीमा को किस नाम से जाना जाता है?

(क) जल स्तर (ख) अंत:स्रवण

(ग) जल-आयतन (घ) उपर्युक्त सभी

817. 'गीजर' क्या है?

(क) शीत स्रोत (ख) उष्ण स्रोत

(ग) सामान्य स्रोत (घ) जलप्रपात

उत्तर के लिए कृपया पृष्ठ सं. 151 देखें।

818. बड़े-बड़े छेदों/रंध्रोंवाली चट्टानें क्या कहलाती हैं, जिनमें से पानी आसानी से बह जाता है ?

(क) अंत:स्रवण (ख) जल-प्रवाह

(ग) एक्वीफर (घ) सरंध्रता

819. निम्नलिखित में से किस क्षेत्र में भूमिगत जल स्तरीकरण की प्रक्रिया के रूप में कार्य करता है ?

(क) कार्स्ट क्षेत्र (ख) गिरिपाद क्षेत्र

(ग) तटीय क्षेत्र (घ) हिमनद क्षेत्र

820. महाद्वीपीय ढाल और महाद्वीपीय शेल्फ भू-संरचना का कौन सा क्रम है ?

(क) दूसरा (ख) तीसरा

(ग) चौथा (घ) पहला

821. मन्नार की खाड़ी कहाँ है ?

(क) गुजरात के पश्चिम में (ख) पश्चिम बंगाल के पूर्व में

(ग) तमिलनाडु के पूर्व में (घ) कन्याकुमारी के दक्षिण में

822. 'शिल्पी कूप' कहाँ पाए जाते हैं ?

(क) जिन क्षेत्रों में चट्टानें अभिनत संरचनावाली हैं

(ख) जिन क्षेत्रों में चट्टानें नत संरचनावाली हैं

(ग) जिन क्षेत्रों में चट्टानें सिंडिनल तथा नत संरचनावाली हैं

(घ) इनमें से कोई नहीं

823. 'जल-चक्र' के लिए कौन सी प्रक्रिया उत्तरदायी है ?

(क) वाष्पोत्सर्जन (ख) वाष्पीकरण

(ग) संघनन (घ) उपर्युक्त सभी

824. अफ्रीका का विक्टोरिया फाल्स (प्रपात) किस नदी पर है ?

(क) कांगो (ख) जांबेजी

(ग) नील (घ) सतलुज

825. एक लीटर समुद्री जल में औसतन कितना नमक होता है ?

(क) 50 ग्राम (ख) 35 ग्राम

(ग) 45 ग्राम (घ) 65 ग्राम

उत्तर के लिए कृपया पृष्ठ सं. 151 देखें।

826. शीत महासागरीय धारा बैंग्युला किस क्षेत्र को स्पर्श करती है ?

(क) पश्चिम अफ्रीकी तट

(ख) उत्तरी अमेरिका का पूर्वी तट

(ग) उत्तरी हिंद महासागर का तट

(घ) जापान का पूर्वी तट

827. क्यूरोशियो धारा किस महासागर की गरम धारा है ?

(क) प्रशांत महासागर (ख) अटलांटिक महासागर

(ग) हिंद महासागर (घ) आर्कटिक महासागर

□

उत्तर के लिए कृपया पृष्ठ सं. 151 देखें।

विविध

828. समकाल रेखा (Isochrones) किन स्थानों को जोड़नेवाली रेखा होती है ?
   (क) समान चुंबकीय अपक्रम (डेक्लिनेशन) वाले क्षेत्र
   (ख) सामान्य केंद्र से बराबर दूरी पर स्थित क्षेत्र
   (ग) समान वर्षावाले क्षेत्र
   (घ) समान देशांतरवाले क्षेत्र
829. समदाब रेखाएँ (Isobars) क्या हैं ?
   (क) समान लवणतावाली रेखाएँ (ख) समान तापमान की रेखाएँ
   (ग) समान दाबवाली रेखाएँ (घ) समान धूपवाली रेखाएँ
830. समगंभीरता रेखाएँ (Isobath) कौन सी होती हैं ?
   (क) समान दाबवाली रेखाएँ
   (ख) समुद्र की समान गहराईवाली रेखाएँ
   (ग) समान वर्षा वाली रेखाएँ
   (घ) समान ऊँचाईवाली रेखाएँ
831. 'कंटूर' रेखा किस प्रकार के स्थानों को जोड़नेवाली रेखा है ?
   (क) समान तापमानवाले (ख) समान दाबवाले
   (ग) समान वर्षावाले (घ) समान ऊँचाईवाले

उत्तर के लिए कृपया पृष्ठ सं. 151 देखें।

832. आइसो हेल्म किसकी समान रेखाएँ हैं ?
(क) लवणता (ख) ऊँचाई
(ग) हिमपात (घ) वर्षा

833. 'समवर्षा' रेखाएँ किन स्थानों को जोड़ती हैं ?
(क) समान तापमानवाले (ख) समान दाबवाले
(ग) समान वर्षावाले (घ) समान ऊँचाईवाले

834. 'हाइटोलॉजी' में किस विषय का अध्ययन किया जाता है ?
(क) भूकंप (ख) वर्षा
(ग) ज्वालामुखी (घ) उच्च तापमान

835. किस देश को 'मछुआरों का देश' कहा जाता है ?
(क) जापान (ख) नॉर्वे
(ग) यूरोप (घ) रूस

836. किस शहर को 'निषिद्ध शहर' कहा जाता है ?
(क) शिकागो (ख) ल्हासा
(ग) रोम (घ) इंफाल

837. कौन सा देश आम तौर पर 'सुनहरे ऊन का देश' के रूप में जाना जाता है ?
(क) जर्मनी (ख) ऑस्ट्रेलिया
(ग) ब्रिटेन (घ) जापान

838. कौन सा शहर 'महलों का शहर' (सिटी ऑफ पैलेस) कहलाता है ?
(क) रोम (ख) कोलकाता
(ग) टोकियो (घ) जयपुर

839. कौन सा महाद्वीप 'अंधमहाद्वीप' कहलाता है ?
(क) दक्षिणी अमेरिका (ख) ऑस्ट्रेलिया
(ग) एशिया (घ) अफ्रीका

840. कौन सा देश 'हरमिट राज्य' के नाम से जाना जाता है ?
(क) स्वीडन (ख) कोरिया
(ग) जॉर्डन (घ) ओमान

841. कौन सा देश 'हजार नदियों का देश' कहलाता है ?
(क) चीन (ख) फिनलैंड
(ग) स्विट्जरलैंड (घ) भारत

उत्तर के लिए कृपया पृष्ठ सं. 152 देखें।

842. कौन सा देश 'यूरोप का कॉकपिट' कहलाता है ?

(क) इटली (ख) बेल्जियम

(ग) हॉलैंड (घ) जर्मनी

843. कौन सा शहर 'गोल्डन सिटी' कहलाता है ?

(क) जोहांसबर्ग (ख) टोकियो

(ग) रोम (घ) बर्लिन

844. कौन सा शहर 'पवित्र भूमि' कहलाता है ?

(क) मक्का (ख) बुखारेस्ट

(ग) फिलिस्तीन (घ) मथुरा

845. किस देश को 'सूर्योदय का देश' कहा जाता है ?

(क) अर्जेंटीना (ख) जापान

(ग) कोरिया (घ) स्वीडन

846. कौन सा नगर 'जापान का पिट्सबर्ग' कहलाता है ?

(क) यवाता (ख) ओसाका

(ग) टोकियो (घ) कोबा

847. भारत में ए.एस.एल.वी. द्वारा छोड़ा गया पहला सफल उपग्रह कौन सा है ?

(क) इन्सेट-1डी (ख) आई.आर.एस.

(ग) इन्सेट-1ए (घ) एस.आर.ओ.एस.एस-सी.

848. कौन सा शहर 'सात पहाड़ियोंवाला नगर' कहलाता है ?

(क) न्यूयॉर्क (ख) सैन-फ्रांसिस्को

(ग) रोम (घ) बेल्जियम

849. 'गोल्डन फाइबर ऑफ इंडिया' किसे कहते हैं ?

(क) पटसन (ख) रेशम

(ग) कपास (घ) ऊन

850. कौन सा देश 'सुनहरे पैगोडा का देश' कहलाता है ?

(क) चीन (ख) म्याँमार

(ग) नेपाल (घ) भारत

851. निम्नलिखित में से 'विश्व की छत' किसे कहा जाता है ?

(क) एंडीज (ख) आल्प्स

(ग) पामीर का पठार (घ) हिमालय

उत्तर के लिए कृपया पृष्ठ सं. 152 देखें।

852. कौन सा महासागर 'हेरिंग पॉण्ड' कहलाता है ?

(क) आर्कटिक महासागर (ख) प्रशांत महासागर
(ग) अटलांटिक महासागर (घ) हिंद महासागर

853. 'केप कैनेडी' का नया नाम क्या है ?

(क) उत्तमाशा अंतरीप (ख) केप केनावेरल
(ग) केपटाउन (घ) केप वर्डी

854. आम तौर पर किसके द्वारा अपरदन से खाड़ी और गल्फ बनते हैं ?

(क) भूगत जल (ख) तटीय हिमनद
(ग) लहरें (घ) धारा

855. 'V' आकार की घाटी किस कारण से बनती है ?

(क) नदी निक्षेपण (ख) हिमनद निक्षेपण
(ग) नदी अपरदन (घ) वायु निक्षेपण

856. अधिक तीव्र गति से प्रकाश-संश्लेषण कब होता है ?

(क) वर्षावाले दिन (ख) कम धूप में
(ग) रात में (घ) पूरी धूप में

857. डोगरी भाषा कहाँ बोली जाती है ?

(क) जम्मू-कश्मीर (ख) राजस्थान
(ग) पश्चिम बंगाल (घ) गुजरात

858. हिंद महासागर का सबसे बड़ा द्वीप कौन सा है ?

(क) मालदीव (ख) मेडागास्कर
(ग) श्रीलंका (घ) सुमात्रा

859. विश्व की सबसे गहरी खान (लगभग 4 कि.मी. गहरी) कहाँ है ?

(क) एशिया (ख) दक्षिणी अमेरिका
(ग) उत्तरी अमेरिका (घ) अफ्रीका

860. परमाणु ऊर्जा के उत्पादन में कौन सा देश अग्रणी है ?

(क) हॉलैंड (ख) अमेरिका
(ग) जर्मनी (घ) रूस

861. इथोपिया का पुराना नाम क्या था ?

(क) क्रिस्टीना (ख) अबीसीनिया
(ग) फारस (घ) इनमें से कोई नहीं

उत्तर के लिए कृपया पृष्ठ सं. 152 देखें।

862. उत्तर-चुंबकीय ध्रुव कहाँ है ?

(क) साइबेरिया (ख) कनाडा

(ग) ऑस्ट्रेलिया (घ) डेनमार्क

863. विश्व में संयुक्त राज्य अमेरिका किस फसल के उत्पादन में अग्रणी है ?

(क) गेहूँ (ख) चावल

(ग) मक्का (घ) जौ

864. 'ध्रुवीय वाताग्र' सिद्धांत में क्या समझाया गया है ?

(क) चक्रवातों का उद्‌गम (ख) ध्रुवीय पवन का उद्‌गम

(ग) पृथ्वी का परिक्रमण (घ) ज्वार-भाटे का उद्‌गम

865. कराकोरम दर्रा किन देशों को जोड़ता है ?

(क) पाकिस्तान व अफगानिस्तान (ख) भारत और चीन

(ग) पाकिस्तान और चीन (घ) भारत और नेपाल

866. विश्व का प्रथम उपग्रह कहाँ से छोड़ा गया ?

(क) जर्मनी (ख) रूस

(ग) जापान (घ) अमेरिका

867. शनि के वलयों का पता किसने लगाया ?

(क) न्यूटन (ख) जी. ब्रुनो

(ग) गैलीलियो (घ) इनमें से कोई नहीं

868. पहाड़ों से मैदानों की ओर लोगों का अस्थायी प्रवास क्या कहलाता है ?

(क) विस्थापन (ख) प्रवास

(ग) ट्रांस ह्यूमेंस (घ) सामयिक आवागमन

869. कौन सा ग्रह पृथ्वी का जुड़वाँ ग्रह माना जाता है ?

(क) मंगल (ख) शुक्र

(ग) शनि (घ) बुध

870. लाख उत्पादन के क्षेत्र में भारत का प्रमुख प्रतियोगी देश कौन सा है ?

(क) जापान (ख) थाईलैंड

(ग) चीन (घ) रूस

871. कौन सा देश दो महाद्वीपों में फैला हुआ है ?

(क) इंडोनेशिया (ख) ऑस्ट्रेलिया

(ग) मिस्र (घ) कनाडा

उत्तर के लिए कृपया पृष्ठ सं. 152 देखें।

872. पालघाट दर्रा (पास) कहाँ है ?

(क) पूर्वी और पश्चिमी घाट के बीच

(ख) नीलगिरि और अन्नामलाई पहाड़ियों के बीच

(ग) पाकिस्तान और भारत के बीच

(घ) अन्नामलाई और पलानी की पहाड़ियों के बीच

873. 'फैदम' इकाई से क्या मापा जाता है ?

(क) पानी की गहराई (ख) पवन की गति

(ग) वायुमंडलीय दाब (घ) आपेक्षिक आर्द्रता

874. कीवियों का मूल स्थान कौन सा है ?

(क) घाना (ख) न्यूजीलैंड

(ग) ऑस्ट्रेलिया (घ) इंडोनेशिया

875. पृथ्वी अपने अक्ष की ओर झुकी हुई है। यह अपने अक्ष पर कितने अंश का कोण बनाती है ?

(क) 45 (ख) 22

(ग) 22 (घ) 23½

876. विश्व में सागौन (इमारती लकड़ी) का निर्यात सर्वाधिक कौन सा देश करता है ?

(क) भारत (ख) थाईलैंड

(ग) म्याँमार (घ) चीन

877. विश्व का सबसे बड़ा पत्तन कौन सा है ?

(क) सिडनी (ख) न्यूजर्सी

(ग) मुंबई (घ) सिंगापुर

878. अभी तक ब्रिटिश उपनिवेश रह चुका गिलबर्ट द्वीप-समूह अब किस नाम से जाना जाता है ?

(क) बाटिकर (ख) वियंटीचने

(ग) किरीबटी (घ) इनमें से कोई नहीं

879. लाख का स्राव किससे होता है ?

(क) कुछ पशुओं से (ख) लुसिफर लेसिया नामक कीट से

(ग) कुछ पक्षियों से (घ) पेड़ों से

उत्तर के लिए कृपया पृष्ठ सं. 152 देखें।

880. कोको (फलियाँ) का सर्वाधिक निर्यात कौन सा देश करता है ?

(क) कैमरून (अफ्रीका) (ख) लीबिया

(ग) सीरिया (घ) फिनलैंड

881. कोको के पेड़ों के लिए सर्वाधिक अनुकूल जलवायु कौन सी है ?

(क) सवाना (ख) भूमध्यसागरीय

(ग) विषुवतीय (घ) मानसूनी

882. नदियों में बाढ़ आने का प्रमुख कारण क्या है ?

(क) ज्वालामुखी (ख) भारी वर्षा

(ग) भूकंप (घ) वनोन्मूलन

883. दो बड़े भूखंडों को जोड़नेवाली ऐसी सँकरी भू-पट्टी क्या कहलाती है, जिसके दोनों ओर पानी होता है ?

(क) प्रायद्वीप (ख) जलडमरू-मध्य

(ग) लैगून (घ) थलडमरू-मध्य (इस्थमस)

884. समुद्र के ज्वार-भाटा में किस कारण परिवर्तन होता है ?

(क) पृथ्वी का गोल आकार

(ख) चंद्रमा की अलग-अलग अवस्थाएँ

(ग) चंद्रमा की गुरुत्वाकर्षण शक्ति में परिवर्तन

(घ) पृथ्वी की गुरुत्वाकर्षण शक्ति में परिवर्तन

885. निम्नलिखित में से कौन सा जीव असमतापी है ?

(क) पेंग्विन (ख) कछुआ

(ग) हाथी (घ) ह्वेल

886. निम्नलिखित में से कौन सा जीव समतापी है ?

(क) मनुष्य (ख) मेढक

(ग) मकड़ी (घ) मछली

887. वर्तमान में कौन सा भू-वैज्ञानिक युग चल रहा है ?

(क) ऑलिगोसीन (ख) प्लीस्टोसीन

(ग) इओसिन (घ) पैलियोसीन

888. 'पेट्रोलॉजी' में किस विषय का अध्ययन किया जाता है ?

(क) पेट्रोलियम उत्पाद (ख) पृथ्वी की पपड़ी की चट्टानें

(ग) मृदा विरचन (घ) पहाड़ और पठार

उत्तर के लिए कृपया पृष्ठ सं. 152 देखें।

889. पारिस्थितिकीय तंत्र का महत्त्वपूर्ण घटक कौन सा है ?
(क) जलमंडल और वायुमंडल
(ख) पेड़-पौधे और पशु
(ग) पेड़-पौधों सहित विविध प्राणि-जगत् तथा भौतिक पर्यावरण
(घ) इनमें से कोई नहीं

890. विभिन्न प्राणियों के बीच अंत:संबंध तथा भौतिक परिवेश के साथ उनका संबंध क्या कहलाता है ?
(क) पारिस्थितिकी (ख) भू-विज्ञान
(ग) जीव विज्ञान (घ) पारितंत्र

891. निम्नलिखित में से किस क्षेत्र में सबसे लंबा (किलोमीटर में) मार्ग है ?
(क) पश्चिमी (ख) उत्तरी
(ग) मध्य (घ) पूर्वी

892. किलिमंजारो पर्वत कहाँ पर स्थित है ?
(क) तंजानिया (ख) अर्जेंटीना
(ग) अलास्का (घ) यमन

893. विश्व की सबसे लंबी अंत:समुद्री सुरंग कहाँ है ?
(क) इथोपिया और ओमान के बीच
(ख) सूरत और ओखा पत्तन के बीच
(ग) इंग्लैंड और फ्रांस के बीच
(घ) कोलकाता और अंडमान के बीच

894. चिली की राजधानी कहाँ है ?
(क) ओस्लो (ख) बर्लिन
(ग) सांटियागो (घ) क्विटो

895. टोकियो किस द्वीप में स्थित है ?
(क) शिकोकु (ख) होकादो
(ग) होन्शु (घ) इनमें से कोई नहीं

896. जलडमरू-मध्य क्या है ?
(क) दो भूखंडों को जोड़नेवाली सँकरी भू-पट्टी
(ख) दो विस्तृत भूखंडों को जोड़नेवाली सँकरी समुद्री खाई

उत्तर के लिए कृपया पृष्ठ सं. 152 व 153 देखें।

(ग) सँकरा द्वीप

(घ) सँकरी घाटी

897. मिट्टी के अध्ययन से जुड़ी विज्ञान की शाखा क्या कहलाती है?

(क) भू-विज्ञान (ख) उभयसृप विज्ञान

(ग) मृदा विज्ञान (घ) आकृति विज्ञान

898. जलोढ़ मृदा किस कारण से बनती है?

(क) निक्षेपण के पश्चात् वायु अपरदन

(ख) उच्च तापमान

(ग) धाराओं का निक्षेपण

(घ) भारी वर्षा

899. किस फसल के लिए काफी मात्रा में पानी की जरूरत पड़ती है?

(क) गेहूँ (ख) गन्ना

(ग) धान (घ) कपास

900. वायु अपरदन प्राय: किन क्षेत्रों में होता है?

(क) ठंडे क्षेत्रों में (ख) मरुस्थल में

(ग) भारी वर्षावाले क्षेत्रों में (घ) समुद्र के निकटवर्ती क्षेत्र में

901. 'कोलखोज' तथा 'सुकोज' क्या हैं?

(क) उपजाऊ जलोढ़ भूमि (ख) कृषि-विषयक संगठन

(ग) अधिक पैदावारवाली फसलें (घ) पशुओं की नस्ल

902. सबसे ज्यादा मीटरेज (ऊँचाई) वाला जल-प्रपात कौन सा है?

(क) लोफोर फाल्स, जायरे

(ख) साल्टो एंजेल्स फाल्स, दक्षिणी अमेरिका (ऊँचाई 972 मीटर)

(ग) विक्टोरिया फाल्स, उत्तरी अमेरिका

(घ) जॉग फाल्स, भारत

903. फरक्का से आगे गंगा नदी जब बँगलादेश में प्रवेश करती है, तब उसे क्या कहा जाता है?

(क) हुगली (ख) पद्मा

(ग) मेघना (घ) गंडक

उत्तर के लिए कृपया पृष्ठ सं. 153 देखें।

904. जलोढ़ मृदा उपजाऊ क्यों होती है ?
(क) इसमें लाइम (चूना) प्रचुर मात्रा में होता है
(ख) इसमें खनिज पदार्थों के बारीक कण रह जाते हैं, जिन्हें पेड़-पौधे आसानी से सोख लेते हैं
(ग) इसमें प्रचुर मात्रा में ह्यूमस होता है
(घ) इसमें अकार्बनिक पदार्थ प्रचुर मात्रा में होते हैं

905. 'पद्मा' किस फसल की उच्च पैदावारवाली किस्म है ?
(क) कपास
(ख) गेहूँ
(ग) धान
(घ) मक्का

906. खरीफ की फसल कब उगाई जाती है ?
(क) वसंत ऋतु
(ख) ग्रीष्म ऋतु
(ग) शीत ऋतु
(घ) शरद् ऋतु

907. भारत में गाँवों की कुल कितनी संख्या है ?
(क) लगभग 3.9 लाख
(ख) लगभग 4.8 लाख
(ग) लगभग 5.6 लाख
(घ) लगभग 8.8 लाख

908. भीमा और तुंगभद्रा किस नदी की सहायक नदियाँ हैं ?
(क) गोदावरी
(ख) कावेरी
(ग) कृष्णा
(घ) सोन

909. 'जोग' जल-प्रपात किस नदी पर है ?
(क) कावेरी
(ख) महानदी
(ग) शरावती
(घ) कोयना

910. ब्रह्मपुत्र नदी की कुल लंबाई कितनी है ?
(क) 3,200 कि.मी.
(ख) 4,100 कि.मी.
(ग) 2,897 कि.मी.
(घ) 2,200 कि.मी.

911. राजस्थान नहर परियोजना में पानी किस नदी से लिया जाता है ?
(क) सतलुज
(ख) यमुना
(ग) गंगा
(घ) चंबल

912. कोटा के निकट गांधी सागर बाँध किस नदी पर बना है ?
(क) रावी
(ख) व्यास
(ग) चंबल
(घ) महानदी

उत्तर के लिए कृपया पृष्ठ सं. 153 देखें।

913. हिमालय में उत्तर से दक्षिण की ओर कितनी प्रमुख समांतर श्रेणियाँ हैं ?

(क) तीन (ख) चार

(ग) छह (घ) दो

914. 'सागर सम्राट्' क्या है ?

(क) जहाज का नाम

(ख) अंतरिक्ष यान

(ग) बॉम्बे हाई पर तेल निकालने का संयंत्र

(घ) हिंद महासागर का द्वीप

915. 'के.डी. मालवीय पेट्रोलियम अन्वेषण संस्थान' कहाँ पर है ?

(क) देहरादून (ख) लखनऊ

(ग) मुंबई (घ) कोचीन

916. 'पेट्रोलियम भंडार अध्ययन संस्थान' भारत में कहाँ पर स्थित है ?

(क) इलाहाबाद (ख) अंकलेश्वर

(ग) अहमदाबाद (घ) वडोदरा

917. हैदराबाद के हवाई अड्डे का नया नाम क्या है ?

(क) बेगमपेट (ख) सफदरजंग

(ग) मीनांबकम (घ) पालम

918. मलास्पाइन हिमनद कहाँ पर है ?

(क) आल्प्स (ख) अलास्का

(ग) हिंदूकुश (घ) सुमात्रा

919. किस देश के निवासी भारत में तंबाकू लेकर आए थे ?

(क) ग्रेट ब्रिटेन (ख) फ्रांस

(ग) पुर्तगाल (घ) अमेरिका

920. सतपुड़ा ताप बिजलीघर भारत के किस प्रदेश में है ?

(क) मध्य प्रदेश (ख) जम्मू और कश्मीर

(ग) महाराष्ट्र (घ) बिहार

921. 'राष्ट्रीय भू-भौतिकीय अनुसंधान संस्थान' कहाँ है ?

(क) अहमदाबाद (ख) हैदराबाद

(ग) लखनऊ (घ) बंगलौर

उत्तर के लिए कृपया पृष्ठ सं. 153 देखें।

922. 'राष्ट्रीय धातुकर्म प्रयोगशाला' कहाँ पर है ?
(क) बोकारो (ख) जमशेदपुर
(ग) राँची (घ) रुड़की

923. प्रसिद्ध 'नैनी झील' कहाँ है ?
(क) ऋषिकेश (ख) नैनीताल
(ग) मसूरी (घ) सूरत

924. 'तलचर ताप बिजलीघर' कहाँ है ?
(क) महाराष्ट्र (ख) पश्चिम बंगाल
(ग) उड़ीसा (घ) आंध्र प्रदेश

925. सिंधु नदी की सबसे लंबी सहायक नदी कौन सी है ?
(क) रावी (ख) चिनाब
(ग) झेलम (घ) व्यास

926. चंबल नदी किस राज्य से होकर नहीं बहती है ?
(क) राजस्थान (ख) उत्तर प्रदेश
(ग) गुजरात (घ) मध्य प्रदेश

927. किस नदी को 'बंगाल का शोक' कहा जाता है ?
(क) दामोदर (ख) हुगली
(ग) कोसी (घ) सोन

928. गंगा नदी के बाद भारत की सबसे बड़ी नदी कौन सी है ?
(क) कोसी (ख) गोदावरी
(ग) यमुना (घ) महानदी

929. भारत में तंबाकू का सबसे बड़ा उत्पादक राज्य कौन सा है ?
(क) बिहार (ख) मध्य प्रदेश
(ग) आंध्र प्रदेश (घ) उत्तर प्रदेश

930. 'गोविंद सागर झील' कहाँ पर है ?
(क) रणजीत सागर बाँध (ख) हीराकुंड बाँध
(ग) भाखड़ा नाँगल बाँध (घ) राजस्थान नहर

931. 'श्रावली परियोजना' किस प्रकार की परियोजना है ?
(क) परमाणु बिजली परियोजना (ख) ताप बिजली परियोजना
(ग) जल-विद्युत् परियोजना (घ) बहूद्देश्यीय परियोजना

उत्तर के लिए कृपया पृष्ठ सं. 153 देखें।

932. अहमदाबाद नगर किस नदी के तट पर स्थित है?

(क) चंबल (ख) साबरमती
(ग) नर्मदा (घ) सिंधु

933. विदर्भ क्षेत्र का अधिकांश भाग किस राज्य में है?

(क) मध्य प्रदेश (ख) उत्तर प्रदेश
(ग) महाराष्ट्र (घ) तमिलनाडु

934. किस नदी को 'बिहार का शोक' कहा जाता है?

(क) गंगा (ख) कोसी
(ग) नर्मदा (घ) यमुना

935. भारत में खगोलीय वेधशाला कहाँ है?

(क) अमृतसर (ख) जालंधर
(ग) जयपुर (घ) हैदराबाद

936. रबी की सर्वाधिक महत्त्वपूर्ण फसल कौन सी है?

(क) पटसन (ख) गेहूँ
(ग) धान (घ) जौ

937. 'नेवेली ताप बिजलीघर' किस राज्य में स्थित है?

(क) कर्नाटक (ख) तमिलनाडु
(ग) उत्तर प्रदेश (घ) पश्चिम बंगाल

938. सर्दियों में पेड़ों से पत्ते किस कारण से झड़ते हैं?

(क) ताप संरक्षण
(ख) जल संरक्षण
(ग) गरमियों में हुई वृद्धि के बाद आराम करने के लिए
(घ) वृद्धि बनाए रखने के लिए

939. 'ब्लैक आर्म' रोग से कौन सी फसल प्रभावित होती है?

(क) बाजरा (ख) कपास
(ग) गन्ना (घ) गेहूँ

940. 'जल हायासिंथ' क्या है?

(क) लकड़ी (ख) जड़ी-बूटी
(ग) सजावटी पौधा (घ) जलचर

उत्तर के लिए कृपया पृष्ठ सं. 153 देखें।

941. भारत में स्थलाकृति मानचित्र कौन तैयार करता है ?
(क) भारतीय भू-वैज्ञानिक सर्वेक्षण
(ख) रक्षा मंत्रालय
(ग) भारतीय भौगोलिक सर्वेक्षण
(घ) भारतीय सर्वेक्षण

942. उत्तर प्रदेश का पूर्व नाम क्या था ?
(क) रामभूमि (ख) उत्तरांचल
(ग) संयुक्त प्रांत (घ) अपर गंगा

943. भारत के किस राज्य को 'लैंड ऑफ स्पाइसेज' के नाम से जाना जाता है ?
(क) उत्तर प्रदेश (ख) मध्य प्रदेश
(ग) तमिलनाडु (घ) केरल

944. भारत के किस राज्य में सबसे ज्यादा सिंचाई नहरों से की जाती है ?
(क) तमिलनाडु (ख) बिहार
(ग) आंध्र प्रदेश (घ) महाराष्ट्र

945. भारत का सुदूरतम दक्षिणी बिंदु 'इंदिरा पॉइंट' कहाँ स्थित है ?
(क) ग्रेट निकोबार द्वीप (ख) लिटिल निकोबार द्वीप
(ग) कार निकोबार द्वीप (घ) इनमें से कोई नहीं

946. कौन सा क्षेत्र 'जैव मंडल आरक्षित क्षेत्र' घोषित किया गया है ?
(क) मानस (ख) मन्नार की खाड़ी
(ग) नीलगिरि (घ) पेरियार

947. भारत का सबसे बड़ा ताप बिजलीघर 'सुपर कोरबा' कहाँ स्थापित किया गया है ?
(क) उड़ीसा (ख) पंजाब
(ग) मध्य प्रदेश (घ) महाराष्ट्र

948. राजस्थान के किस शहर में संगमरमर प्रचुर मात्रा में मिलता है ?
(क) कोटा (ख) नागपुर
(ग) अजमेर (घ) जयपुर

949. 'सरदार सरोवर परियोजना' किससे संबंधित है ?
(क) राजस्थान नहर परियोजना (ख) नर्मदा सागर घाटी परियोजना
(ग) दामोदर घाटी परियोजना (घ) बहूद्देश्यीय परियोजना

उत्तर के लिए कृपया पृष्ठ सं. 153 देखें।

950. एशिया की पहली भूमिगत जल विद्युत् परियोजना 'संजय विद्युत् परियोजना' कहाँ स्थापित की गई है ?

(क) हिमाचल प्रदेश (ख) अरुणाचल प्रदेश

(ग) हरियाणा (घ) सिक्किम

951. भारत के दक्षिणी भाग में भूकंप की कम आशंकाएँ क्यों हैं ?

(क) यहाँ अवसादी निक्षेप काफी पाया जाता है

(ख) यहाँ घनी क्रिस्टेलाइन आग्नेय चट्टानें हैं

(ग) यहाँ कठोर स्थिर खंड हैं

(घ) यहाँ कठोर अस्थिर खंड हैं

952. भारतीय उपमहाद्वीप मूल रूप से निम्नलिखित में से किस विशाल भूभाग का एक हिस्सा था ?

(क) आर्यावर्त (ख) इंडो-आर्यावर्त

(ग) गोंडवाना लैंड (घ) इंडियाना

953. हिमालय का सबसे विस्तृत भाग कहाँ है ?

(क) हिमाचल प्रदेश (ख) मेघालय

(ग) कश्मीर (घ) अरुणाचल प्रदेश

954. ताजमहल में किस संगमरमर का इस्तेमाल किया गया है ?

(क) बीकानेर (ख) मकराना

(ग) जोधपुर (घ) कोटा

955. 'दोआब' किसे कहते हैं ?

(क) जहाँ दो या अधिक नदियाँ मिलती हैं

(ख) किसी नदी की दो सहायक नदियों के बीच की भूमि

(ग) जहाँ से नदी का डेल्टा शुरू होता है

(घ) इनमें से कोई नहीं

956. 'लक्षद्वीप' का क्या अर्थ है ?

(क) आशा का द्वीप (ख) एक लाख द्वीप

(ग) दस लाख द्वीपों का समूह (घ) नीलम द्वीप

957. सागौन लकड़ी की ज्यादा माँग क्यों है ?

(क) यह बहुत सस्ती है

(ख) इसे ढोना आसान है

उत्तर के लिए कृपया पृष्ठ सं. 153 व 154 देखें।

(ग) यह कठोर होती है तथा इसमें दीमक नहीं लगती

(घ) उपर्युक्त सभी

958. साल वन का सर्वाधिक क्षेत्र किस राज्य में है ?

(क) झारखंड (ख) मध्य प्रदेश

(ग) उड़ीसा (घ) पश्चिम बंगाल

959. दादरा और नगर हवेली में कौन सी भाषा बोली जाती है ?

(क) मराठी (ख) हिंदी

(ग) अंग्रेजी (घ) कोंकणी

960. भारत में किस विधि से सोना निकाला जाता है ?

(क) उत्खनन (ख) बरमा

(ग) शैफ्ट खनन (घ) खुला पिट खनन

961. किस राज्य में पवनचक्कियों का फार्म है ?

(क) पश्चिम बंगाल (ख) असम

(ग) तमिलनाडु (घ) कर्नाटक

962. 'रागी' क्या है ?

(क) फाइबर फसल (ख) ज्वार, बाजरा

(ग) तिलहन (घ) मादक पदार्थों की फसल

963. किसकी खेती के लिए काट-छाँट करना जरूरी है ?

(क) गन्ना (ख) चाय

(ग) तंबाकू (घ) कॉफी

964. 'लैंड ऑफ मॉर्निंग काम' किस देश को कहा जाता है ?

(क) जापान (ख) चीन

(ग) भारत (घ) कोरिया

965. 'फेयरवेल केप' निम्नलिखित में से किस देश का सबसे दक्षिणी बिंदु है ?

(क) न्यूजीलैंड (ख) दक्षिण अफ्रीका

(ग) इंग्लैंड (घ) फिनलैंड

966. पशुपतिनाथजी का मंदिर नेपाल में किस नदी के किनारे स्थित है ?

(क) सरस्वती (ख) इंदुमती

(ग) बागमती (घ) इनमें से कोई नहीं

उत्तर के लिए कृपया पृष्ठ सं. 154 देखें।

967. गाँव के भू-संपत्ति मानचित्रों हेतु लेखपाल प्राय: किस जरीब का प्रयोग करते हैं ?

(क) इंजीनियर जरीब (ख) मीटरी जरीब

(ग) गंटर जरीब (घ) इनमें से कोई नहीं

968. 'कुनेन' मलेरिया की एक दवा है, यह किस वृक्ष से प्राप्त होती है ?

(क) साल (ख) चीड़

(ग) सागौन (घ) सिनकोना

969. यांगून निम्नलिखित में से किस नदी के किनारे बसा हुआ है ?

(क) मचयानी (ख) सालवीन

(ग) इरावदी (घ) इनमें से कोई नहीं

970. भारत में सबसे ज्यादा क्षेत्रफल में बोई जानेवाली फसल कौन सी है ?

(क) धान (ख) गेहूँ

(ग) गन्ना (घ) अरहर

971. अगस्त 1992 में राष्ट्र को समर्पित 30 लाख टन क्षमतावाला स्टील संयंत्र कहाँ स्थित है ?

(क) हैदराबाद (ख) बंगलौर

(ग) भुवनेश्वर (घ) विशाखापट्टनम

972. हिंदुस्तान टेलीप्रिंटर्स लिमिटेड का कारखाना निम्नलिखित में से किस नगर में स्थित है ?

(क) लखनऊ (ख) बंगलौर

(ग) चेन्नई (घ) हैदराबाद

973. भारत में सी.टी.सी. चाय की नीलामी का विश्व में सबसे बड़ा केंद्र कौन सा है ?

(क) कोलकाता (ख) दार्जिलिंग

(ग) गुवाहाटी (घ) डिब्रूगढ़

974. किस प्राकृतिक प्रदेश में शीतकाल में वर्षा होती है और ग्रीष्मकाल शुष्क बना रहता है ?

(क) मानसूनी (ख) सूडान

(ग) भूमध्यसागरीय (घ) घास के शीतोष्ण मैदान

उत्तर के लिए कृपया पृष्ठ सं. 154 देखें।

975. 'प्लेटिपस' एक ऐसा जीव है, जिसका कुछ भाग मछली है, कुछ भाग पक्षी जैसा है तथा कुछ भाग स्तनधारी जीवों से मिलता है। यह पक्षी कहाँ पाया जाता है ?

(क) अमेरिका (ख) ऑस्ट्रेलिया
(ग) अफ्रीका (घ) यूरोप

976. किस मानचित्रकार ने सर्वप्रथम प्रक्षेप में स्थानों को उनके अक्षांश व देशांतर के अनुसार प्रदर्शित किया था ?

(क) टॉल्मी (ख) इरैटोस्थनीज
(ग) मेरीनस (घ) इनमें से कोई नहीं

977. 'शेरपा' जाति के लोग कहाँ रहते हैं ?

(क) भारत (ख) नेपाल
(ग) चीन (घ) भूटान

978. भारत में आधुनिक नौपरिवहन की शुरुआत सिंधिया स्टीम नेवीगेशन कंपनी द्वारा कब की गई थी ?

(क) सन् 1917 (ख) सन् 1918
(ग) सन् 1919 (घ) सन् 1920

979. भारत में 'सड़क अनुसंधान संस्थान' कहाँ स्थापित किया गया है ?

(क) लखनऊ (ख) हैदराबाद
(ग) बंगलौर (घ) नई दिल्ली

980. डूरंड रेखा द्वारा कौन से दो देश अलग होते हैं ?

(क) भारत-पाकिस्तान (ख) पाकिस्तान-चीन
(ग) चीन-रूस (घ) भारत-अफगानिस्तान

981. हवाई द्वीप समूह निम्न में से किसका उत्पादक है ?

(क) कपास (ख) चावल
(ग) तंबाकू (घ) गन्ना

982. संयुक्त राज्य अमेरिका का महत्त्वपूर्ण कोयला उत्पादक क्षेत्र कौन सा है ?

(क) अप्लेशियन (ख) कंसास
(ग) लोवा (घ) इनमें से कोई नहीं

उत्तर के लिए कृपया पृष्ठ सं. 154 देखें।

983. चट्टानों का पीला अथवा लाल रंग किस कारण से होता है?
(क) ऑक्सीडेशन (ख) हाइड्रेशन
(ग) कार्बनेशन (घ) इनमें से कोई नहीं

984. 'पोर्ट लुइस' कहाँ की राजधानी है?
(क) मैलागासी (ख) मॉरीशस
(ग) मलेशिया (घ) मैक्सिको

985. वास्कोडिगामा ने भारत की खोज कब की थी?
(क) 1398 ई. (ख) 1498 ई.
(ग) 1598 ई. (घ) 1698 ई.

986. इनमें से कौन सी पवन स्थानीय पवन है?
(क) व्यापारिक पवन (ख) पूर्वी पवन
(ग) पछुआ पवन (घ) फॉह्न

987. गंगा नदी हिमालय से किस स्थान पर अलग होती है?
(क) देवप्रयाग (ख) रुद्रप्रयाग
(ग) हरिद्वार (घ) कर्णप्रयाग

988. भारत में बद्रीनाथ किस नदी के तट पर स्थित है?
(क) गंगा (ख) भागीरथी
(ग) अलकनंदा (घ) गंडक

989. 'महात्मा गाँधी मेरीन (समुद्री) नेशनल पार्क' निम्नलिखित में से कहाँ है?
(क) गुजरात (ख) अंडमान-निकोबार
(ग) महाराष्ट्र (घ) इनमें से कोई नहीं

990. दक्षिणी भारत में अधिकतम तापमान किस माह में होता है?
(क) अप्रैल (ख) जून
(ग) जुलाई (घ) अगस्त

991. गंगा के मैदानों में लू कब चलती है?
(क) अप्रैल (ख) जून
(ग) अक्तूबर (घ) नवंबर

992. किस प्राकृतिक प्रदेश में वर्ष के नौ-दस महीने बर्फ जमी रहती है?
(क) टैगा प्रदेश (ख) टुंड्रा प्रदेश
(ग) भूमध्यसागरीय प्रदेश (घ) इनमें से कोई नहीं

उत्तर के लिए कृपया पृष्ठ सं. 154 देखें।

993. इर्टिस नदी निम्नलिखित में से किस देश में बहती है ?

(क) पूर्व सोवियत संघ (ख) कनाडा
(ग) मिस्र (घ) भारत

994. 'गगनचुंबी इमारतों का नगर' किसे कहा जाता है ?

(क) पेरिस (ख) टोकियो
(ग) न्यूयॉर्क (घ) कोलकाता

995. विश्व में ताजा पानी की सबसे बड़ी झील कौन सी है ?

(क) कैस्पियन सागर (ख) लेक सुपीरियर
(ग) अटाल सागर (घ) विक्टोरिया

996. तीस्ता नदी जल का बँटवारा किन दो देशों के मध्य हुआ है ?

(क) भारत-पाकिस्तान (ख) पाकिस्तान-अफगानिस्तान
(ग) भारत-अफगानिस्तान (घ) भारत-बँगलादेश

997. एशिया का सबसे बड़ा विद्युत् संयंत्र कहाँ स्थापित किया गया है ?

(क) कर्नाटक (भारत) (ख) बीजिंग (चीन)
(ग) लाहौर (पाकिस्तान) (घ) इनमें से कोई नहीं

998. भारत के किस राज्य में सबसे अधिक गायें पाई जाती हैं ?

(क) बिहार (ख) मध्य प्रदेश
(ग) राजस्थान (घ) उत्तर प्रदेश

999. सिनेमा और एक्स-रे की फिल्में भारत में किस स्थान पर तैयार की जाती हैं ?

(क) सहारनपुर (ख) नेपानगर
(ग) मुंबई (घ) उडगमंडलम

1000. शत-उल-अरब एक नदी है, वर्तमान में यह किन दो देशों के मध्य विवाद का कारण बनी हुई है ?

(क) ईरान और इराक (ख) ईरान और सऊदी अरब
(ग) ईरान और कुवैत (घ) इनमें से कोई नहीं

□

उत्तर के लिए कृपया पृष्ठ सं. 154 देखें।

उत्तरमाला

1. सौरमंडल

1. (क) बुध
2. (घ) शुक्र और यूरेनस
3. (ख) लगभग 59 प्रतिशत
4. (ग) प्रकाश वर्ष
5. (घ) 4.3 वर्ष
6. (ग) 65
7. (घ) 21 जून
8. (ख) 47°
9. (क) हाइड्रोजन और हीलियम
10. (क) आतपन
11. (ख) उपग्रह अपने ग्रहों के चारों ओर घूमते हैं
12. (घ) बुध
13. (ग) शनि
14. (क) बृहस्पति
15. (क) बृहस्पति
16. (ख) बृहस्पति
17. (ग) पृथ्वी
18. (ख) मंगल
19. (ख) प्लूटो
20. (ख) शनि
21. (क) नेप्च्यून
22. (ख) कॉमेटिस ऑस्टर
23. (क) हैलीज
24. (ख) 21 मार्च और 23 सितंबर
25. (ख) सूर्य
26. (ख) प्लूटो
27. (क) सूर्य
28. (ख) शनि
29. (ग) ग्रह
30. (ख) कॉपरनिकस
31. (क) चंद्रग्रहण
32. (क) सूर्यग्रहण
33. (ख) वेलेंतीना व्लादिमिरोब्ना तेरेश्कोवा (रूस)
34. (ख) यूरी गागरिन
35. (ग) शुक्र
36. (क) लघु ज्वार
37. (घ) ग्रीनलैंड
38. (ख) जनवरी के प्रारंभ में
39. (ग) 23.56 घंटे
40. (ख) चपटी गोल
41. (क) अपसौर
42. (ग) परिमाण (mass) स्थिर रहता है, लेकिन भार कम हो जाता है
43. (ग) सूर्य-तिथि

44. (ख) अधिकतम पाँच
45. (घ) अधिकतम तीन
46. (ख) सौर-तिथि नक्षत्रीयवार से अधिक लंबी होती है
47. (ग) लघु तरंग, दीर्घ तरंग
48. (क) वर्णमंडल
49. (ख) लघु तरंग
50. (ख) जब सूर्य, चंद्रमा और पृथ्वी एक सीधी रेखा में होते हैं
51. (क) सुदूरवर्ती उत्तर दिशा के तारामंडल में 'लिटल डिपर' नामक तारागण
52. (ख) धूमकेतु
53. (ग) घना, चट्टानयुक्त ग्रह
54. (ग) पिघलता हुआ लावा
55. (क) सिरिअस
56. (ख) उनकी कक्षा के आकार से
57. (ग) पृथ्वी के वायुमंडल में प्रवेश करने के बाद हवा के बीच में ही आग के गोले के समान फट जाती है
58. (ख) कॉपरनिकस
59. (क) मंगल
60. (ग) यूरेनस

2. पृथ्वी

61. (ग) तीसरा
62. (ख) 81
63. (ग) 12,756 कि.मी. तथा 12,714 कि.मी.
64. (ग) 96.6 करोड़ कि.मी. प्रतिवर्ष
65. (ख) 1600 कि.मी. प्रति मिनट से अधिक
66. (ख) उपसौर
67. (ख) 3 जनवरी
68. (घ) अपसौर
69. (ख) 4 जुलाई
70. (ग) कभी नहीं बदलती
71. (ग) पृथ्वी की पपड़ी (क्रस्ट)
72. (ख) पृथ्वी का मूल भाग (क्रोड)
73. (क) सियाल
74. (ग) पश्चिम से पूर्व
75. (ग) कभी नहीं बदलती
76. (ग) लोहा और निकिल
77. (ग) धूल कणों से नीली रोशनी फैल जाती है
78. (ग) पृथ्वी की दीर्घवृत्तीय कक्षा
79. (क) लंदन के पास
80. (क) पृथ्वी की दैनिक गति
81. (ख) 510 × 10^6 वर्ग कि.मी.
82. (ख) सियाल और प्रावार (मैंटल) के बीच मध्यवर्ती परत
83. (क) सियाल और परत
84. (घ) धात्विक क्रोड (core)
85. (ग) इसमें लोहा और निकिल के तत्त्व पाए जाते हैं
86. (क) 2000° सेंटी.
87. (ख) जैसे-जैसे गहराई बढ़ती है, वैसे-वैसे तापमान भी बढ़ता है
88. (ख) इसका 71 प्रतिशत भाग पानी से ढका है
89. (ख) भूकंप तरंगें
90. (क) पपड़ी (क्रस्ट)
91. (ख) आग्नेय चट्टानें
92. (क) बेसाल्ट, ग्रेनाइट

93. (ख) अत्यधिक गरमी और दाब के कारण आग्नेय एवं तलछट चट्टानें कायांतरित चट्टानों में बदल जाती हैं
94. (ख) नाइस (ग्रेनाइट जैसी चट्टान), मारबल (संगमरमर)
95. (ग) कायांतरित
96. (ख) तलछट
97. (ख) घनीकरण
98. (ग) ग्रेनाइट
99. (क) मृण्मय चट्टानें
100. (ग) पारगम्यता
101. (ग) गरमी और सर्दी की वजह से छोटे-छोटे कणों में चट्टानों के बदलने की प्रक्रिया
102. (ख) तलछट
103. (घ) मिट्टी
104. (क) इरैटोस्थनीज
105. (क) मेलबोर्न
106. (घ) लगभग 42 कि.मी.
107. (ख) लगभग 130 कि.मी.
108. (ग) 36,000 कि.मी.
109. (ग) जापान विश्व के सुदूर पूर्वी भाग में है, अत: सबसे पहले सूर्य यहीं उगता है
110. (घ) ध्रुव तारे
111. (क) लगभग 1° प्रतिदिन
112. (ख) वायुमंडल के ऊपरी भाग, बादलों तथा पृथ्वी की सतह के बर्फ से ढके क्षेत्रों द्वारा अंतरिक्ष में वापस परावर्तित विद्युत्-रोधन की मात्रा है
113. (ग) भू-कालानुक्रम
114. (क) विषुवत् क्षेत्र
115. (ख) सागर में ज्वार-भाटे उठते-गिरते हैं
116. (ग) विवर्तनिकी बल
117. (ख) इसमें हलके खनिज पदार्थ होते हैं
118. (क) पृथ्वी की परिक्रमा
119. (क) लद्दाख
120. (ख) इमारती लकड़ियों की अंधाधुंध कटाई

3. वायुमंडल और वायु

121. (क) क्षोभमंडल
122. (ग) क्षोभमंडल, समतापमंडल, आयनमंडल, बहिर्मंडल
123. (ख) नाइट्रोजन
124. (ख) क्षोभमंडल
125. (ग) समतापमंडल
126. (ग) ओजोन
127. (ख) आयनमंडल
128. (ग) समतापमंडल
129. (ख) क्षोभमंडल
130. (घ) इसमें बादल तथा अन्य अपक्षयण घटक नहीं होते हैं
131. (क) वायु की दिशा
132. (ग) निम्न दाब समूह, जहाँ उत्तरी गोलार्द्ध में वामावर्त दिशा में वायु बहती है
133. (ख) उच्च दाब समूह, जहाँ उत्तरी गोलार्द्ध में दक्षिणावर्त दिशा में वायु बहती है
134. (ग) जेट पवन
135. (क) वायु

136. (ख) अत्यधिक निम्न दाब केंद्र
137. (ख) कि.ग्रा. / वर्ग सें.मी.
138. (ख) दाब ढलान
139. (ख) पृथ्वी का घूर्णन
140. (ग) अध:प्रवाह वायु
141. (घ) 0.03 प्रतिशत
142. (घ) दाब क्षेत्र की दिशा में ही वायु क्षेत्र बदल जाता है
143. (ग) पूर्व दिशा से चलनेवाली वायु
144. (घ) मानसून
145. (क) शीत ऋतु
146. (ग) आर्द्रता
147. (ग) उच्च वेग की पश्चिमी हवाएँ
148. (घ) दहन प्रक्रिया पर नियंत्रण में
149. (क) संघनन
150. (घ) उष्ण कटिबंध
151. (क) आल्प्स
152. (ग) निम्नस्तरी मेघ
153. (ग) नाइट्रोजन
154. (ग) छोटी-छोटी बूँदों तथा बर्फ के कणों के रूप में घनीभूत नमी
155. (घ) उच्च बादल
156. (ख) दाब ढलान
157. (क) उच्च तापमान और उच्च अपकेंद्री बल
158. (क) वर्षाच्छादित क्षेत्र
159. (ख) धूलकण
160. (घ) तापमान
161. (घ) अंटार्कटिक क्षेत्र
162. (ख) गरम हवा हलकी होती है तथा कम घनी होती है
163. (ग) मध्य अक्षांश
164. (घ) उपर्युक्त सभी
165. (ख) अक्षांश
166. (क) सूर्य द्वारा उत्सर्जित ऊर्जा
167. (ग) कम हो जाती है
168. (स) जेट धारा
169. (क) ओस
170. (ख) अवदाब
171. (ग) पश्चिमी अवदाब
172. (ख) 60-100
173. (क) उच्च, निम्न
174. (ग) जलवाष्प
175. (घ) क्षोभमंडल
176. (क) हाइग्रोमीटर
177. (घ) कृषि
178. (क) दिल्ली

4. देशांतर और अक्षांश

179. (क) मकर संक्रांति
180. (ख) ग्रीनविच समय से 5½ घंटे आगे
181. (क) भूमध्य रेखा के निकट
182. (ग) 30°-40° उत्तर तथा दक्षिण अक्षांश
183. (ग) भूमध्य रेखा
184. (घ) ध्रुवीय क्षेत्रों में लंबे समय तक चमकता सूरज
185. (ख) 50° अक्षांश ध्रुव की ओर
186. (घ) 180° देशांतर
187. (क) भूमध्य रेखा
188. (ग) 90°
189. (घ) फ्लोरिडा जलडमरू-मध्य
190. (ख) एक दिन कम हो जाता है
191. (क) ब्रिटेन

192. (क) 37°6' उत्तर अक्षांश
193. (ग) 8°4' उत्तर अक्षांश
194. (घ) 6 माह
195. (ख) उड़ीसा
196. (ख) 90°
197. (ख) भूमध्य रेखा
198. (ग) कर्क रेखा
199. (ख) भूमध्य रेखा
200. (ग) भूमध्य रेखा
201. (क) भूमध्य रेखा
202. (ग) प्रशांत महासागर
203. (ग) 69 मील
204. (ख) एक घंटा
205. (ख) परस्पर लंबवत् चलती हैं
206. (क) विषुवत् रेखा पर बने कोण द्वारा
207. (क) 24
208. (ख) देशांतर स्थिति
209. (ग) पाँच
210. (ग) छह
211. (ख) 5 घंटे 30 मिनट
212. (ग) उस देश का मानक समय
213. (ग) 4 घंटे
214. (क) भूमध्य रेखा
215. (क) प्रधान मध्याह्न
216. (ख) LT = GMT ± SCT
217. (ख) मैड्रिड
218. (ख) शाम के 4.30 बजे
219. (ग) 30° पूरब
220. (ग) 180° याम्योत्तर (मध्याह्न)
221. (ग) 68°7' पूर्व से 97°25' पूर्व
222. (घ) 180° पश्चिम
223. (घ) 23½° उत्तर
224. (ग) ग्रीनविच मध्याह्न
225. (क) t 5:45
226. (ग) जी.एम.टी. के अनुसार
227. (ग) ग्रीनलैंड

5. विक्षोभ और कारक

228. (ग) गीजर
229. (ग) पृथ्वी के नीचे विवर्तनिक बल से
230. (ग) टेथिस नामक भू-अवनति का वलन
231. (ख) भूकंप
232. (घ) वलन
233. (ग) सुनामी
234. (घ) उपर्युक्त सभी
235. (ग) विलुप्त ज्वालामुखी
236. (ख) क्रेटर झील
237. (ख) प्रशांत महासागर
238. (ग) भूकंप विज्ञान
239. (क) रिक्टर पैमाना
240. (ग) वलित और भ्रंशित क्षेत्र
241. (ख) गरमी और दाब के कारण पिघलते हुए मैग्मा तक पृथ्वी की भीतरी गहरी परतों में चट्टानों के परिवर्तन के कारण
242. (ख) ज्वालामुखी
243. (ख) मैग्मा
244. (घ) ठोस, तरल और गैसीय
245. (ग) 7.9
246. (घ) उपर्युक्त सभी
247. (ख) भूकंप के फोकस से ठीक ऊपर पृथ्वी की सतह पर बने बिंदु से

248. (ग) बार-बार लावा का प्रवाह
249. (ग) विसुवियस (इटली)
250. (ग) माउंट पिनातबो
251. (क) 0-6
252. (क) रिफ्ट घाटी
253. (ग) नतभ्रंशित क्षेत्र
254. (ख) क्षैतिज संपीडन
255. (ख) तीन
256. (ग) एल-तरंगें
257. (ख) दो भ्रंशित प्लेन (प्लेट) के बीच चट्टानों के उत्थापन से
258. (ख) धीमी और सतत प्रक्रियाएँ
259. (ग) भूमि की सतह पर तनाव बल
260. (ग) छह
261. (ख) पृथ्वी का विवर्तनिक बल
262. (क) महाद्वीपोय पठार
263. (ख) पठार
264. (ख) चट्टानों के व्यवस्था-विच्छिन्न होने की प्रक्रिया
265. (ग) मृदा को अपरदन से बचाया जाता है
266. (ख) भारी वर्षा
267. (क) प्रवाह की गति
268. (ग) चट्टान का विघटन
269. (क) सुरंग
270. (ख) नदियाँ
271. (ख) ऑक्सीकरण
272. (ग) पवन
273. (क) ग्लेशियर
274. (ख) अपवाहन
275. (ग) रासायनिक अपक्षय
276. (ग) प्रमुख धारा, जहाँ समुद्र और नदी का पानी मिलता है
277. (ख) बरखांस
278. (ख) पवन
279. (क) चूना पत्थर
280. (ग) भारी वर्षावाले क्षेत्र
281. (ग) पेड़-पौधे लगाकर
282. (घ) भ्रंशित और वलित क्षेत्र
283. (घ) उपर्युक्त सभी
284. (ग) केवल पानी में
285. (ख) प्रतिचक्रवात

6. राजनीतिक

286. (ख) डच ईस्ट-इंडीज
287. (ख) बंगाल की खाड़ी
288. (क) डच गुयाना
289. (ग) मैक्सिको की खाड़ी
290. (ग) नॉर्वे
291. (ख) बेरिंग जलडमरू-मध्य
292. (क) रेडक्लिफ रेखा
293. (घ) पाक जलडमरू-मध्य
294. (ख) सुमात्रा और मलेशिया
295. (ख) भूमध्य सागर और लाल सागर
296. (क) श्रीलंका
297. (ग) जिब्राल्टर जलडमरू-मध्य
298. (ख) उत्तर सागर और बाल्टिक सागर
299. (ख) अफ्रीका
300. (घ) अंशत: एशिया और यूरोप में
301. (ख) जापान
302. (ख) एशिया
303. (ग) उत्तरी प्रशांत महासागर
304. (घ) बर्मा
305. (ग) 32,87,263 वर्ग कि.मी.
306. (ख) अटलांटिक महासागर

307. (ख) सूवा
308. (घ) चीन
309. (ख) हिंद महासागर
310. (क) थाईलैंड
311. (घ) इंडोनेशिया
312. (ख) बर्लिन
313. (क) भूटान और नेपाल
314. (ग) कोपेनहेगन
315. (ग) बर्न
316. (ग) क्यूबा और ब्रह्मास
317. (ख) स्वीडन की गोटा
318. (ग) मंगोलिया
319. (घ) उत्तरी प्रशांत महासागर
320. (ख) कन्याकुमारी
321. (क) अरुणाचल प्रदेश
322. (घ) चंडीगढ़
323. (ख) मैकमोहन रेखा
324. (क) राजस्थान
325. (ख) गुजरात और महाराष्ट्र
326. (ख) अरुणाचल प्रदेश
327. (क) गोवा
328. (ग) लक्षद्वीप
329. (ग) जम्मू
330. (क) मिनीकॉय द्वीप
331. (ख) गंगटोक
332. (ग) कोहिमा
333. (ग) सरयू नदी के तट पर
334. (ख) तमिलनाडु
335. (ग) 27
336. (क) कावारत्ती
337. (क) अंडमान-निकोबार के बीच
338. (ख) चेन्नई
339. (क) बंगलौर
340. (ग) आंध्र प्रदेश
341. (ख) राँची
342. (ग) देहरादून
343. (ख) कोच्चि
344. (ग) फैजाबाद
345. (ख) तेरह
346. (क) सोलह
347. (ग) झारखंड
348. (ग) आंध्र प्रदेश का छोटा सा द्वीप
349. (घ) जयपुर
350. (ख) तमिलनाडु
351. (ग) जॉर्जिया

7. जलवायु

352. (ग) चेरापूँजी (भारत)
353. (क) पर्वतीय क्षेत्र
354. (क) डालॉल (इथोपिया)
355. (ख) 1080 सें.मी.
356. (ग) गोबी मरुस्थल
357. (ग) ऑस्ट्रेलिया
358. (क) 10° उत्तरी अक्षांश तथा 10° दक्षिणी अक्षांश के बीच
359. (घ) शरद्
360. (ग) इटली
361. (घ) नाइजीरिया
362. (क) पश्चिम अफ्रीका
363. (ख) साइबेरियन टुंड्रा
364. (ग) भूमध्यसागरीय
365. (घ) मानसूनी
366. (ख) वरखोयांस्क
367. (ख) अटाकामा मरुस्थल (चिली)
368. (ख) मौसिम
369. (क) पश्चिमी घाट

370. (ग) सितंबर के मध्य में
371. (ख) पश्चिमोत्तर भारत से बंगाल और फिर केरल
372. (ख) तमिलनाडु
373. (घ) जून-सितंबर
374. (ग) चेन्नई
375. (ग) उष्णकटिबंधीय मानसून
376. (क) उत्तर प्रदेश
377. (ग) कन्याकुमारी
378. (घ) तटीय क्षेत्र
379. (ग) दिल्ली
380. (घ) लेह
381. (ग) तमिलनाडु
382. (ब) इसका उन्नतांश ऊँचा है
383. (ग) लगभग 34.5° सें.
384. (क) पश्चिमी विक्षोभ
385. (ख) तीन बजे
386. (ख) जल एवं थल क्षेत्र की ऊष्मा में अंतर
387. (ग) जून
388. (क) चेन्नई
389. (घ) पंजाब के मैदानी भाग
390. (ग) वनीकरण
391. (घ) इनमें गरम धारा भी आती है, जिससे फसलों को लाभ पहुँचता है
392. (ग) अप्रैल
393. (ग) किसी क्षेत्र का वायुमंडलीय दाब आस-पास के क्षेत्रों की तुलना में कम होता है
394. (घ) मानसून में अत्यधिक भिन्नता पाई जाती है
395. (ग) इस क्षेत्र में वायु के मार्ग में ऐसी कोई पर्वतीय ओट नहीं है, जिससे हवाएँ ठंडी हो सकें
396. (ग) भूमध्यसागर

8. कृषि

397. (घ) 7,000 ई.पू.
398. (ग) कृषि
399. (ख) भारी वर्षा और उच्च तापमान
400. (क) घनी आबादीवाले विकासशील देश
401. (ग) पौधे लगाना
402. (ख) ठूँठ का हिस्सा छोड़कर शेष फसल काट लेना, ताकि ये ठूँठ पुनः वृद्धि प्राप्त कर सकें
403. (घ) छोटी-छोटी टहनियाँ काटना
404. (ख) ठंडा मौसम
405. (ख) मार्केट बागबानी
406. (क) अंगूरों की खेती
407. (क) बदल-बदलकर फसल उगाना (विशेष रूप से फलीदार पौधे)
408. (ग) पौधों का जीवन
409. (क) रेशम के कीट पालना
410. (ख) जापान
411. (ग) श्रीलंका
412. (क) चारा
413. (ख) भारत
414. (क) धान
415. (ख) चीन
416. (ग) रूस
417. (ख) अमेरिका
418. (घ) चीज़
419. (क) ब्राजील
420. (ख) तंबाकू

421. (ग) अमेरिका
422. (क) क्यूबा
423. (ख) गेहूँ
424. (घ) गेहूँ
425. (क) अमेरिका
426. (ख) अमेरिका
427. (ख) भली प्रकार से अपवाहित निम्न भूमि
428. (क) यूरोप
429. (ग) बँगलादेश
430. (ख) भारत
431. (ख) गन्ना
432. (ग) जहाँ कृषि योग्य भूमि पर्याप्त मात्रा में उपलब्ध है
433. (ख) फूल और फल लगाना
434. (ग) गेहूँ
435. (घ) सरसों
436. (ख) दक्षिण-पश्चिम मानसून के प्रारंभ में
437. (घ) चावल और गेहूँ
438. (क) केरल
439. (ख) कर्नाटक
440. (क) चावल
441. (ख) बिहार
442. (घ) उत्तर प्रदेश
443. (क) केरल तथा कर्नाटक
444. (क) पटसन (जूट)
445. (घ) पंजाब
446. (क) महाराष्ट्र
447. (ग) अमेरिका
448. (घ) उपर्युक्त सभी
449. (ख) होंशु

9. वन, घास के मैदान और मत्स्य क्षेत्र

450. (ग) हाइड्रोफाइट
451. (ख) मरुस्थल में उगनेवाले पौधे, जो कम पानी मिलने पर भी हरे रहते हैं
452. (ग) गरम और आर्द्र इलाकों में
453. (ग) मरुस्थल
454. (ग) वाष्पोत्सर्जन की कमी
455. (क) पत्ते
456. (ग) तापमान और नमी—दोनों
457. (ख) यहाँ पूरे वर्ष पर्याप्त वर्षा होती है
458. (ग) उष्णकटिबंधीय घास के मैदान
459. (ख) शुष्क मौसम में पत्ते झड़ते हैं
460. (ख) शीतोष्ण (शंकुल) वन
461. (ग) घने और स्थूल नहीं होते
462. (क) शीतोष्ण वन
463. (क) उष्णकटिबंधीय वन
464. (क) पाइन
465. (ख) शीतोष्ण कठोर लकड़ी
466. (ख) दक्षिण अमेरिका
467. (ग) 25 प्रतिशत से अधिक
468. (क) स्टेपीज
469. (ग) विषुवतीय वर्षावाले वन तथा उष्णकटिबंधीय मरुस्थल
470. (ख) प्रेयरीज
471. (ग) सवाना
472. (क) पंपास
473. (ख) सैल्वास
474. (क) मध्य अक्षांश
475. (ख) लंबी घास

476. (क) सवाना
477. (क) विषुवत् क्षेत्र
478. (क) शंकुवृक्षी वन
479. (ग) भूमध्यसागरीय क्षेत्र
480. (क) शीतोष्ण मरुस्थल
481. (ख) उष्णकटिबंधीय पर्णपाती वन
482. (क) देहरादून
483. (ग) उप-उत्तर ध्रुवीय
484. (ख) पश्चिमी घाट
485. (ख) उष्णकटिबंधीय पर्णपाती वन में
486. (घ) राजस्थान और गुजरात
487. (क) जापान
488. (ग) न्यूजीलैंड और ऑस्ट्रेलिया
489. (क) चीन
490. (ख) मछली.
491. (ख) पैलेजिक मछली
492. (क) तलमज्जी मछली
493. (क) ब्रिटेन
494. (ग) मत्स्यपालन
495. (क) शीतोष्ण समुद्र
496. (क) उत्तर समुद्र
497. (ख) उद्‌गामी
498. (क) शीतोष्ण महाद्वीपीय शैल्फ
499. (ग) छन्नी जाल
500. (क) छन्नी जाल

10. वन्य जीवन

501. (ग) मध्य प्रदेश
502. (घ) अरुणाचल प्रदेश
503. (ग) हरियाणा
504. (ख) शिकार, चरागाह और वाणिज्यिक दोहन के लिए निषिद्ध क्षेत्र
505. (ग) 1/5
506. (ग) उष्णकटिबंधीय पर्णपाती
507. (ख) गंगा-ब्रह्मपुत्र डेल्टा
508. (ख) पर्णपाती
509. (ख) लगभग 750 लाख हेक्टेयर
510. (ग) गुजरात
511. (ख) सदाबहार वन
512. (ख) कोलकाता
513. (ख) राजस्थान
514. (ग) गुजरात
515. (ख) चीता
516. (ख) मानस
517. (क) राजस्थान
518. (क) गैंडा
519. (ग) पश्चिम बंगाल
520. (ख) सन् 1973
521. (ग) बघेलखंड
522. (ख) असम
523. (ख) उत्तर प्रदेश
524. (ख) कच्छ के रन
525. (ग) कर्नाटक
526. (ख) मानस-पक्षी
527. (ख) केरल
528. (ख) जम्मू और कश्मीर
529. (ग) सोलन
530. (ग) चोकला
531. (ग) उत्तर प्रदेश
532. (ख) बैंग्स रोग
533. (ग) शुतुरमुर्ग
534. (ख) डकबिल
535. (घ) पेंग्विन

536. (ग) थाईलैंड
537. (ग) याक
538. (ख) ऑस्ट्रेलिया
539. (ख) भूम्याश्रयी

11. उद्योग

540. (ग) पटसन उद्योग
541. (ख) शंकुवृक्षी वन
542. (क) मलेशिया
543. (ख) अमेरिका
544. (क) लोकोमोटिव उद्योग
545. (ख) अमेरिका
546. (ग) कागज
547. (ग) बाँस
548. (ग) काओलिन
549. (क) गंधक का तेजाब
550. (ख) नीदरलैंड
551. (क) फिल्म उद्योग
552. (क) अमेरिका और जर्मनी
553. (ख) अमेरिका
554. (क) बाजार
555. (घ) परिवहन
556. (ख) बेल्जियम
557. (घ) अमेरिका
558. (घ) जापान और चीन
559. (क) लिओस
560. (ग) गलीचा निर्माण
561. (ख) जापान
562. (ख) इस्पात (स्टील) उद्योग
563. (ख) रेयन
564. (ख) रूस
565. (ग) दामोदर घाटी
566. (ख) जापान
567. (क) विद्युत् उद्योग
568. (ग) फ्रांस
569. (ग) कोयली
570. (ग) ताप बिजलीघर
571. (घ) कागज उद्योग
572. (ख) पटसन और कपास
573. (क) शिवकाशी
574. (ग) सिंदरी (झारखंड)
575. (घ) पेरांबूर
576. (ग) कानपुर
577. (ग) वाराणसी
578. (ग) राँची
579. (घ) हस्तशिल्प
580. (ग) लोहा और इस्पात
581. (ख) मझगाँव शिपयार्ड
582. (ग) जयपुर
583. (क) बंगलौर
584. (ग) रूपनारायणपुर (प.बं.)
585. (घ) सीमेंट
586. (ख) अलवयै
587. (ग) महाराष्ट्र
588. (क) न्यूज प्रिंट
589. (ख) धारीवाल
590. (ग) तमिलनाडु
591. (क) गाजियाबाद
592. (ग) ऊटी
593. (क) पश्चिम बंगाल
594. (ख) हिंदुस्तान मोटर्स (कोलकाता)
595. (ख) फिरोजाबाद
596. (ख) खनिज भंडार
597. (ग) पेट्रोलियम उद्योग
598. (ग) अरावली की पहाड़ियाँ
599. (ग) ऋषिकेश

600. (ग) कोरापुट
601. (क) पिंपरी
602. (ग) हिंदुस्तान एयरोनॉटिक्स लिमिटेड
603. (क) रेशम उत्पाद
604. (घ) पेट्रोलियम उत्पाद
605. (ख) शिकागो
606. (ख) जर्मनी
607. (ग) जापान

12. व्यापार और यातायात

608. (ख) डेन्यूब
609. (ख) 8,800 कि.मी.
610. (क) हेलीफैक्स और वैंकूवर
611. (ख) सिडनी–पर्थ
612. (घ) पनामा नहर
613. (क) एंट्रीपोर्ट
614. (ख) सिंगापुर
615. (ग) अटलांटिक महासागर
616. (ख) यह औद्योगिक देशों से घिरा है
617. (घ) व्यापार पर रोक संबंधी आदेश
618. (क) पत्तन से निकला भू–क्षेत्र
619. (ख) इसकी थल सीमाएँ नौ देशों से जुड़ी हैं
620. (ग) कनाडा
621. (ग) सन् 1960
622. (ग) न्हावा शावा
623. (ग) ईस्ट फिंचले (लंदन)
624. (ख) पटसन
625. (घ) कॉफी
626. (ग) लंदन
627. (ख) टिकाऊ उपभोग्य सामान
628. (क) ओस्लो
629. (क) मॉस्को
630. (ख) ग्रेट लेक्स और सेंट लॉरेंस नदी (अमेरिका)
631. (क) कोलकाता
632. (ग) म्याँमार
633. (क) कोलकाता, कानपुर, दिल्ली, अमृतसर
634. (क) पिंक सिटी एक्सप्रेस
635. (ख) दिल्ली–कोलकाता
636. (क) दिल्ली से मुंबई वाया जयपुर
637. (क) गुजरात
638. (ग) मुंबई
639. (ग) भोरघाट
640. (ख) कल्याण और पुणे
641. (ख) हिमसागर एक्सप्रेस
642. (ख) कोयला
643. (क) 760 कि.मी.
644. (क) आगरा से मुंबई
645. (ग) हीरे–जवाहरात
646. (ख) जम्मूतवी से कन्याकुमारी
647. (ख) क्रमशः पूर्वी तथा पश्चिमी घाट पर
648. (ख) मंगलूर
649. (क) विशाखापट्टनम
650. (घ) कोलकाता
651. (ख) अमृतसर और अटारी
652. (ग) बंगाल, बिहार, उत्तर प्रदेश और दिल्ली
653. (ग) राजमार्ग संख्या 7
654. (ग) कोलकाता और अमृतसर
655. (ग) कांडला
656. (ख) महाराष्ट्र में
657. (ग) महाराष्ट्र

658. (ख) विशाखापट्टनम और मॉरमुगाव
659. (क) जापान
660. (ख) 1.676 मीटर
661. (ख) नई दिल्ली
662. (ख) मुंबई और थाणे के बीच
663. (क) तिरुवनंतपुरम
664. (ग) चौथा
665. (घ) सिकंदराबाद
666. (ख) गोरखपुर
667. (ख) खड़गपुर
668. (ख) दिल्ली
669. (क) जम्मू
670. (ख) ओखा
671. (ख) बंगलौर
672. (ख) पीन्या
673. (ख) 34 कि.मी.
674. (घ) लखनऊ
675. (ख) पर्वतीय क्षेत्र

13. आबादी

676. (ग) यूरोप
677. (ग) एशिया
678. (क) नॉर्वे
679. (ग) बेल्जियम
680. (घ) चीन
681. (ग) मंगोलियन
682. (क) न्यूजीलैंड
683. (ग) यूरोप के टुंड्रा
684. (क) टोकियो
685. (ग) क़ाकेशस
686. (ग) रूसी टुंड्रा
687. (ख) रेड इंडियन
688. (ख) पुर्तगाली
689. (ख) फ्रांस
690. (क) जापान
691. (ग) स्विट्जरलैंड
692. (ख) प्रति वर्ग कि.मी. क्षेत्र में रहनेवाले लोगों की संख्या
693. (ख) प्रति 1000 की आबादी में एक वर्ष से कम आयु में मरनेवाले बच्चों की संख्या
694. (ग) लंदन
695. (ग) 17 प्रतिशत
696. (ख) केरल
697. (ख) भारतीय-आर्य (इंडो-आर्य)
698. (ख) सन् 1961-71
699. (ग) मध्य प्रदेश
700. (ख) झारखंड
701. (ख) केरल
702. (ग) तमिलनाडु
703. (ख) विंध्याचल श्रेणियों में
704. (क) कानपुर
705. (ख) महाराष्ट्र
706. (क) महाराष्ट्र और गोवा
707. (क) मिजोरम
708. (ग) जैन
709. (ख) केरल
710. (ख) मध्य प्रदेश
711. (ख) राजस्थान
712. (ग) सिक्किम
713. (ग) हिमाचल प्रदेश के गड़रिए
714. (ग) 324

14. खनिज और ऊर्जा संसाधन

715. (ख) चिली
716. (ग) भारत

717. (ख) बॉक्साइट
718. (ग) ऑस्ट्रेलिया
719. (क) अमेरिका
720. (क) अमेरिका
721. (घ) एंथ्रासाइट
722. (ख) पीट (जलावन)
723. (क) एंथ्रासाइट
724. (ग) महाद्वीपीय उप तट (शैल्फ)
725. (ख) सऊदी अरब
726. (क) जल विद्युत् शक्ति
727. (ग) बॉक्साइट
728. (क) रूस
729. (घ) कहूटा
730. (ग) इटली
731. (ख) हिमाचल प्रदेश
732. (क) हीराकुंड बाँध
733. (ग) पानी
734. (क) दक्षिण अफ्रीका
735. (क) पेंसिल्वेनिया में टीटूस्फिल्स (अमेरिका)
736. (ख) कनाडा
737. (क) लौह–मिश्रित धातु, जो प्राय: इस्पात बनाने में इस्तेमाल की जाती है
738. (क) हीरा
739. (घ) यूरेनियम
740. (ग) हाइड्रो–इलेक्ट्रिसिटी
741. (घ) हाइड्रोजन और कार्बन
742. (ख) अमेरिका
743. (ख) डिगबोई (असम)
744. (ख) कोलार
745. (ख) झारखंड
746. (क) झारखंड
747. (घ) खेतड़ी
748. (ग) कर्नाटक
749. (क) पन्ना
750. (ख) गुजरात
751. (ख) पेट्रोलियम भंडार
752. (क) राजस्थान
753. (ख) कर्नाटक
754. (ख) फ्रांस
755. (ख) हीरा और डोलोमाइट
756. (क) कोयली
757. (क) तारापुर
758. (ख) अवसादी
759. (क) गुजरात
760. (घ) तेल (पेट्रोलियम)
761. (क) रीवा (मध्य प्रदेश)
762. (घ) हरियाणा
763. (ग) झारखंड और पश्चिम बंगाल
764. (ख) भारतीय भू–वैज्ञानिक सर्वेक्षण
765. (ग) मणिकर्ण (हिमाचल प्रदेश)
766. (क) कावेरी डेल्टा
767. (घ) कोयला
768. (क) यहाँ काफी मात्रा में सेंधा नमक पाया जाता है
769. (ख) हीरा

15. जलमंडल

770. (ख) 71 प्रतिशत
771. (क) 4 कि.मी.
772. (घ) ऊर्ध्वपातन
773. (ग) सापेक्ष आर्द्रता
774. (घ) आर्द्रता
775. (ख) निरपेक्ष आर्द्रता
776. (घ) कुएँ और ट्यूबवेल

777. (ख) महाद्वीपीय शेल्फ
778. (घ) ऑस्ट्रेलियाई तट का पूर्वी हिस्सा
779. (क) बहुत बड़ी प्रवालभित्ति
780. (ख) 20° सेंटी. से अधिक
781. (ख) भूमंडलीय पवन
782. (ख) पर्वतीय वर्षा
783. (क) वृष्टि छाया क्षेत्र
784. (क) सोडियम क्लोराइड
785. (क) लाल सागर
786. (क) अटलांटिक महासागर की गरम धारा
787. (ग) अगल्हास धारा
788. (क) क्यूरोशियो धारा
789. (क) भ्रंशित संरचना
790. (ख) जहाँ प्रवाह तेज हो
791. (ख) गोलाकार या घोड़े के नाल के आकार की प्रवालभित्ति
792. (घ) ह्वांग-हो नदी द्वारा लाई गई पीली दोमट मिट्टी
793. (ग) 12 समुद्री मील
794. (ख) क्यूरोशियो
795. (क) नर्मदा
796. (ग) सिंधु
797. (क) ब्रह्मपुत्र
798. (ग) नर्मदा
799. (ब) उत्तर प्रदेश, मध्य प्रदेश, राजस्थान
800. (क) नर्मदा
801. (क) उच्च ढलान के कारण
802. (ग) महानदी
803. (क) झारखंड
804. (क) पश्चिमी घाट
805. (ग) लेह
806. (ख) नदी के मुहाने पर
807. (क) हिंद महासागर
808. (ख) मैरियाना खाई (ट्रैंच)
809. (क) पादप प्लवक
810. (क) उत्तरी अटलांटिक
811. (क) प्रशांत महासागर
812. (ग) द्वीप-समूह
813. (घ) उपर्युक्त सभी
814. (क) शैवाल
815. (क) बेंथॉस
816. (क) जल स्तर
817. (ख) उष्ण स्रोत
818. (ग) एक्वीफर
819. (क) कार्स्ट क्षेत्र
820. (क) दूसरा
821. (ग) तमिलनाडु के पूर्व में
822. (ग) जिन क्षेत्रों में चट्टानें सिंडिनल तथा नत संरचनावाली होती हैं
823. (ग) संघनन
824. (ख) जांबेजी नदी
825. (ख) 35 ग्राम
826. (क) पश्चिम अफ्रीकी तट
827. (क) अटलांटिक महासागर

16. विविध

828. (ख) सामान्य केंद्र से बराबर दूरी पर स्थित क्षेत्र
829. (ग) समान दाबवाली रेखाएँ
830. (ख) समुद्र की समान गहराईवाली रेखाएँ
831. (घ) समान ऊँचाईवाले

832. (क) लवणता
833. (ग) समान वर्षावाले
834. (ख) वर्षा
835. (ख) नॉर्वे
836. (ख) ल्हासा
837. (ख) ऑस्ट्रेलिया
838. (ख) कोलकाता
839. (घ) अफ्रीका
840. (ख) कोरिया
841. (ख) फिनलैंड
842. (ख) बेल्जियम
843. (क) जोहांसबर्ग
844. (ग) फिलिस्तीन
845. (ख) जापान
846. (क) यवाता
847. (घ) एस.आर.ओ.एस. एस.-सी.
848. (ग) रोम
849. (क) पटसन
850. (ख) म्याँमार
851. (ग) पामीर का पठार.
852. (ग) अटलांटिक महासागर
853. (ख) केप केनावेरल
854. (ग) लहरें
855. (ग) नदी अपरदन
856. (घ) पूरी धूप
857. (क) जम्मू-कश्मीर
858. (ख) मेडागास्कर
859. (घ) अफ्रीका
860. (ख) अमेरिका
861. (ख) अबीसीनिया
862. (ख) कनाडा
863. (ग) मक्का
864. (क) चक्रवातों का उद्गम
865. (ख) भारत और चीन
866. (ख) रूस
867. (ग) गैलीलियो
868. (ग) ट्रांस ह्यूमैंस
869. (ख) शुक्र
870. (ख) थाईलैंड
871. (ग) मिस्र
872. (ख) नीलगिरि और अन्नामलाई पहाड़ियों के बीच
873. (क) पानी की गहराई
874. (ख) न्यूजीलैंड
875. (घ) 23½
876. (ग) म्याँमार
877. (ख) न्यूजर्सी
878. (ग) किरीबटी
879. (ख) लुसिफर लेसिया नामक कीट से
880. (क) कैमरून (अफ्रीका)
881. (ख) भूमध्यसागरीय
882. (घ) वनोन्मूलन
883. (घ) थलडमरू-मध्य (इस्थमस)
884. (ख) चंद्रमा की अलग-अलग अवस्थाएँ
885. (ख) कछुआ
886. (क) मनुष्य
887. (ख) प्लीस्टोसीन
888. (ख) पृथ्वी की पपड़ी की चट्टानें
889. (ग) पेड़-पौधों सहित विविध प्राणि जगत् और भौतिक पर्यावरण
890. (क) पारिस्थितिकी
891. (ख) उत्तरी
892. (क) तंजानिया

893. (ग) इंग्लैंड और फ्रांस के बीच
894. (ग) सांटियागो
895. (ग) होन्शु
896. (ख) दो विस्तृत भूखंडों को जोड़नेवाली सँकरी समुद्री खाई
897. (ग) मृदा विज्ञान
898. (ग) धाराओं का निक्षेपण
899. (ग) धान
900. (ख) मरुस्थल में
901. (ख) कृषि विषयक संगठन
902. (ख) साल्टो एंजिल्स फाल्स, दक्षिण अमेरिका (972 मी. ऊँचाई)
903. (ख) पद्मा
904. (ख) इसमें खनिज पदार्थों के बारीक कण रह जाते हैं, जिन्हें पेड़-पौधे आसानी से सोख लेते हैं
905. (ग) धान
906. (ख) ग्रीष्म ऋतु
907. (ग) लगभग 5.6 लाख
908. (ग) कृष्णा
909. (ग) शरावती
910. (ग) 2,897 कि.मी.
911. (क) सतलुज
912. (ग) चंबल
913. (क) तीन
914. (ग) बॉम्बे हाई पर तेल निकालने का संयंत्र
915. (क) देहरादून
916. (ग) अहमदाबाद
917. (क) बेगमपेट
918. (ख) अलास्का
919. (ग) पुर्तगाल
920. (क) मध्य प्रदेश
921. (ख) हैदराबाद
922. (ख) जमशेदपुर
923. (ख) नैनीताल
924. (ग) उड़ीसा
925. (ख) चिनाब
926. (ग) गुजरात
927. (क) दामोदर
928. (ख) गोदावरी
929. (ग) आंध्र प्रदेश
930. (ग) भाखड़ा नाँगल बाँध
931. (क) जल विद्युत् परियोजना
932. (ख) साबरमती
933. (ग) महाराष्ट्र
934. (ख) कोसी
935. (ग) जयपुर
936. (ख) जयपुर
937. (ख) तमिलनाडु
938. (ख) जल संरक्षण
939. (क) बाजरा
940. (क) लकड़ी
941. (घ) भारतीय सर्वेक्षण
942. (ग) संयुक्त प्रांत
943. (घ) केरल
944. (ग) आंध्र प्रदेश
945. (ख) ग्रेट निकोबार द्वीप
946. (ग) नीलगिरि
947. (ग) मध्य प्रदेश
948. (क) कोटा
949. (ख) नर्मदा सागर घाटी परियोजना
950. (क) हिमाचल प्रदेश

951. (ग) यहाँ कठोर स्थिर खंड है
952. (ग) गोंडवाना लैंड
953. (ग) कश्मीर
954. (ख) मकराना
955. (ख) किसी नदी की दो सहायक नदियों के बीच की भूमि
956. (ख) एक लाख द्वीप
957. (ग) यह कठोर होती है तथा इसमें दीमक नहीं लगती
958. (ग) उड़ीसा
959. (ग) अंग्रेजी
960. (ग) शैफ्ट खनन
961. (ग) तमिलनाडु
962. (ख) ज्वार, बाजरा
963. (घ) कॉफी
964. (घ) कोरिया
965. (क) न्यूजीलैंड
966. (क) सरस्वती
967. (ग) गंटर जरीब
968. (घ) सिनकोना
969. (ग) इरावदी
970. (क) धान
971. (घ) विशाखापट्टनम
972. (ग) चेन्नई
973. (ग) गुवाहाटी
974. (ग) भूमध्यसागरीय
975. (ख) ऑस्ट्रेलिया
976. (ग) मेरीनस
977. (ख) नेपाल
978. (ग) सन् 1919
979. (घ) नई दिल्ली
980. (घ) भारत (अविभाजित)-अफगानिस्तान
981. (घ) गन्ना
982. (क) अप्लेशियन क्षेत्र
983. (क) ऑक्सीकरण
984. (ख) मॉरीशस
985. (ख) 1498 ई.
986. (ख) फॉह्न
987. (ग) हरिद्वार
988. (ग) अलकनंदा
989. (ख) अंडमान-निकोबार
990. (क) अप्रैल
991. (ख) जून
992. (ख) टुंड्रा प्रदेश
993. (क) पूर्व सोवियत संघ
994. (ग) न्यूयॉर्क
995. (ख) लेक सुपीरियर
996. (घ) भारत-बँगलादेश
997. (क) कर्नाटक (भारत)
998. (घ) उत्तर प्रदेश
999. (घ) उडगमंडलम
1000. (क) ईरान और इराक

□□□

682. 'मेक्सी' किस देश [illegible]

(क) न्यूज़ीलैंड (ख) [illegible]

(ग) मिस्र (घ) [illegible]

683. 'फिन' कहाँ के [illegible]

(क) रूस के [illegible] (ख) [illegible]

(ग) यूरोप के [illegible] (घ) [illegible]

684. विश्व के किस [illegible] हुआ है?

(क) टोकियो (ख) [illegible]

(ग) मुंबई (घ) [illegible]

685. अधिकांश [illegible] किस [illegible] में केन्द्रित हैं?

(क) मंगोल (ख) [illegible]

(ग) काकेशस (घ) ऑस्ट्रेलियाई

686. [illegible] कहाँ के [illegible]

(क) दक्षिण [illegible] (ख) [illegible]

(ग) [illegible] (घ) [illegible]

687. [illegible]

(क) मेस्टीजो (ख) [illegible]

(ग) अल्पाइन (घ) [illegible]

688. प्रारंभ में यूरोप से [illegible] में किन लोगों ने प्रवास किया था?

(क) ब्रिटिश (ख) पुर्तगाली

(ग) फ्रांसीसी (घ) इनमें से कोई नहीं

689. किस देश की जनसंख्या वृद्धि दर शून्य पर पहुँचने वाली है?

[illegible]